UN CLUB JACOBIN

EN PROVINCE

Pendant la Révolution.

Cet ouvrage,

imprimé en mars 1875,

a été tiré

à deux cents exemplaires.

MELUN. — TYP. A. HÉRISÉ, RUE DE BOURGOGNE, 23.

HISTOIRE

D'UN

CLUB JACOBIN EN PROVINCE

PENDANT LA RÉVOLUTION

PAR

M. Charles CONSTANT

Membre de la Société archéologique de Seine et-Marne.

———— ❦ ————

A PARIS

CHEZ H. CHAMPION

Libraire de la Société de l'Histoire de Paris
et de l'Ile de France

QUAI MALAQUAIS, Nᵒ 15.

—

1875

PRÉFACE

Grâce à des travaux historiques, encore assez récents, les Jacobins de Paris, leur origine,
leurs développements rapides, leur puissance
pendant la Révolution, leurs abominables agissements sous le régime de la Terreur, sont généralement assez connus. Il n'en est pas de
même des Jacobins de province, et l'histoire de
ces mille petites Sociétés jacobines qui se formèrent dans tous les départements de la France,
obéissant à l'impulsion que leur donnait, en
1792, la Société mère des Jacobins de Paris,
reste encore à composer presque entièrement.
Tous ces clubs révolutionnaires au petit pied
ont pourtant leur histoire; jusqu'à ce jour les
historiens seuls leur ont presque toujours man-
qué; et cependant les Archives municipales ou
départementales sont très-riches, dans maintes

localités, en manuscrits très-curieux sur les faits et gestes de ces orateurs grotesques, de ces harangueurs de carrefour qui se pressèrent en 1793, dans presque toutes les villes de France, autour d'un arbre de Liberté sans racines, et entonnèrent, en donnant des signes visibles de démence, des hymnes à la Raison. Il faudrait pourtant se hâter de fouiller dans ces Archives locales et de mettre à l'abri de toute destruction les pièces manuscrites qui reflètent d'une façon si lumineuse les passions, les folies, les enthousiasmes, les faiblesses, les impressions les plus diverses des révolutionnaires de 1793, et qui témoignent encore des actes de bassesse, de barbarie, de cruautés des soi-disant *patriotes* auxquels Prudhomme, dans ses *Révolutions de Paris*, s'adressait avec une si coupable complaisance.

Il y aurait cependant un travail bien curieux à entreprendre sur ce sujet ; et si, dès à présent, on se contentait de réunir toutes les brochures déjà publiées sur les clubs jacobins de province ; si un esprit impartial puisait dans tous ces écrits archéologiques et locaux, et s'efforçait d'en extraire le suc et la moelle, il est certain qu'on ne tarderait pas à trouver dans ces publications diverses, *disjecta membra*, matière à composer une étude historique du plus haut intérêt, une histoire générale des Jacobins de province (1). Toutes les Sociétés jacobines de France correspondaient continuellement entre elles, entretenaient des relations quotidiennes avec la Société des Jacobins de Paris, s'adressaient sans cesse à la Convention et au Comité de Salut public, et l'on comprend dès lors que c'est dans l'histoire de ces Sociétés locales que tout historien de la Révolution française devra chercher désormais l'esprit général du pays, durant cette période si importante de notre histoire nationale.

Ce n'est pas l'esquisse d'un semblable travail que nous avons eu la prétention de tracer ; c'est

---

(1) Nous lisions dernièrement dans un journal de Paris que M. Louis Tréquier, mort en août 1874, avait laissé de nombreux documents destinés à composer une histoire complète de la Révolution française dans les départements. Que sont devenues ces pages manuscrites ? Il serait à souhaiter qu'elles vissent bientôt le jour.

une tâche qui nous paraît encore trop au-dessus de nos forces ; mais le hasard a mis entre
nos mains le plus grand nombre des procès-
verbaux, authentiques et en minutes, qui rela-
tent scrupuleusement les moindres actes des
Jacobins de Fontainebleau (Seine-et-Marne)
pendant une période de plus de trois ans (mai
1791 à janvier 1795); ce sont quelques pages
extraites de ces documents inédits et précieux
à plus d'un titre, que nous désirons simplement
faire connaître aujourd'hui.

Paris, mars 1875.

I.

ORIGINE, BUT ET INFLUENCE

des

CLUBS JACOBINS

pendant la Révolution.

Les Sociétés populaires de 1792 et de 1793, toutes issues de la *Société des Amis de la Constitution*, à l'origine *club breton*, ont été véritablement, pour nous servir d'une expression de Mont-Gilbert (1), « les filles et les compagnes de la Révolution ; » Lanthenas, dans sa brochure de 1792, les considérait « comme une branche essentielle de l'instruction publique, » et dès le mois de novembre 1790, l'auteur des *Révolutions de Paris* (2) en conseillait partout

---

(1) *Des Jacobins et des Sociétés populaires dans un gouvernement républicain*, par le représentant du peuple Mont-Gilbert.

(2) Prudhomme, les *Révolutions de Paris*, n° 73, novembre 1790.

la création immédiate. « Il faut des clubs au peuple, disait-il ; que chaque rue d'une ville, que chaque hameau ait le sien…. Il faut au peuple des clubs sédentaires et libres, des clubs organisés avec simplicité, tenus sans prétention. Qu'un honnête artisan rassemble chez lui ses voisins ; qu'à la lueur d'une lampe, brûlant à frais commun, il leur lise les décrets de l'Assemblée nationale, en assaisonnant la lecture de ses propres réflexions ou de celles de ses voisins attentifs ; qu'à la fin de la séance, pour égayer un peu l'auditoire, alarmé par un numéro de Marat, on lui fasse succéder les *jurons patriotiques* du père Duchesne….. » Voilà ce qu'il faut au peuple, il faut qu'il se forme en « petits pelotons. »

Le peuple ne demeura pas sourd à cet appel, et au milieu des nombreux clubs politiques qui se formèrent dès le commencement de la Révolution, à Paris et dans quelques grandes villes du royaume, ne tarda pas à se détacher, malgré son manque de cohésion et le vague de ses doctrines, la Société populaire qui vint, à la suite du roi, s'établir à Paris, dans le couvent des moines dominicains de la rue Saint-Honoré, sous le nom de Jacobins. Bientôt la réputation de patriotisme des Jacobins devint proverbiale parmi le peuple ; *patriote* et *jacobin* sont

synonymes, disait plus tard un membre du comité de sûreté générale ; on répétait aussi
partout : Hors les Jacobins, point de patriotes !
Cet enthousiasme exagéré pour les Duport, les
Barnave et les Lameth, s'accrut encore par
suite des complots qui, formés par quelques
aristocrates contre les Jacobins de Paris, ne
tardèrent pas à être déjoués. Dès lors, de tous
les coins de la France surgirent, comme par
enchantement, des centaines de sociétés populaires qui, prêtes à défendre les Jacobins de
Paris persécutés, feront désormais cause commune avec eux et entreront ouvertement en
lutte avec la cour, la noblesse et le clergé. Les
sociétés jacobines de province furent ainsi fondées.

L'on a peine à concevoir aujourd'hui avec
quelle rapidité toutes ces petites sociétés de
province se formèrent, avec quel enthousiasme
elles adoptèrent les doctrines, encore si incer-
taines, des Jacobins de Paris, avec quel respect elles acceptaient leurs mots d'ordre, avec
quel zèle, quelle fidélité et quel dévouement elles
répondaient aux moindres désirs et à tous les
vœux de la société parisienne que les Jacobins
de province appelaient, avec un certain orgueil,
la société-mère des Jacobins. Cette grande association jacobine et révolutionnaire devint

promptement formidable, et dès la première période de son existence, Camille Desmoulins pouvait déjà dire en parlant d'elle : « Le grand arbre, planté par les Bretons aux Jacobins, a poussé de toutes parts, jusqu'aux extrémités de la France, des racines qui lui promettent une durée éternelle (1). »

Rien n'est éternel ici-bas que la justice et la vérité; mais bien que l'arbre, planté par les Jacobins, fût loin d'avoir cette durée qu'on lui souhaitait, il n'en étendit pas moins, pendant près de cinq années, ses puissants rameaux sur toute la France; pendant cinq ans la terrible influence des Jacobins de Paris se fit sentir et se manifesta, d'une manière funeste, dans l'opinion publique, dans toutes les administrations, et jusque dans les assemblées législatives qui comptèrent toujours un grand nombre de leurs partisans dévoués. « Tout ce qui devait être fait en France se proposait et se discutait aux Jacobins, et les mêmes hommes venaient ensuite exécuter à l'Hôtel-de-Ville, au moyen des pouvoirs municipaux, ce qu'ils n'avaient pu que projeter dans leurs clubs (2). »

---

(1) *Révolutions de France et de Brabant.*
(2) Thiers, *Révolution française.*

Les fondateurs des sociétés populaires en province eurent surtout en vue, à leurs débuts, l'instruction politique des citoyens ; « la mission d'une société populaire, disait l'un d'eux (1), est d'éclairer l'opinion publique et de la tenir constamment au courant et à la hauteur des mesures décrétées par la Convention. » C'était bien là les conseils que donnait Prudhomme dans son journal, comme nous l'avons vu plus haut, et ce furent là les doctrines que professèrent les Jacobins dans le principe. Renverser par tous les moyens possibles « le monstre de la superstition, » entrait également dans leur programme, et comme le disait un membre du club jacobin de Fontainebleau, il leur importait aussi beaucoup « de fouler aux pieds tous les anciens préjugés qui tiennent de loin ou de près au despotisme théologique dont l'ancien almanach peut être regardé comme le répertoire. »

Bientôt ce programme, très-scrupuleusement rempli, parut bien modeste à ceux mêmes qui en avaient été les rédacteurs, et les Jacobins parvinrent peu à peu à s'identifier à un tel point avec la Révolution, qu'ils en demeurèrent

---

(1) Voir procès-verbal d'une séance tenue en octobre 1791 à Fontainebleau.

les véritables administrateurs, en suivant toutes les phases, en subissant toutes ses crises. C'était dans ces sociétés jacobines que l'opinion publique en fermentation concevait et élaborait tous ses projets et rendait tous ses arrêts. « S'agissait-il d'une loi importante, d'une haute question politique, d'une grande mesure révolutionnaire, les Jacobins, toujours plus prompts, se hâtaient d'ouvrir la discussion et de donner leur avis (1). » Toutes les questions politiques soulevées, toutes lois projetées, toutes mesures révolutionnaires à peine conçues, donnaient lieu, nous le verrons, dans les plus petites sociétés de province, à d'interminables discussions, et toutes les décisions prises à la suite de ces discussions étaient rédigées sous forme d'adresses et envoyées à la Convention nationale. En sorte qu'il est parfaitement juste de dire que les Jacobins de province, aussi bien que les Jacobins de Paris, semblaient à chaque instant et sur toutes les questions soulevées au sein de l'Assemblée législative, exprimer les désirs et les vœux de toute la France.

Loin de se contenter d'émettre et d'imposer parfois leurs opinions sur tous leurs projets de

---

(1) Thiers, *Histoire de la Révolution.*

lois ou de décrets, les Jacobins de Paris, comme ceux de province, entendaient aussi surveiller l'application de ces décrets et de ces lois. « Lorsque dans les conseils municipaux, dit M. Thiers, dans les sections de Paris et dans toutes les assemblées revêtues d'une autorité quelconque, on hésitait encore sur une question, par un dernier respect de la légalité, les Jacobins, qui s'estimaient aussi libres que la pensée, la tranchaient hardiment ; » et Camus, le membre du Comité de salut public, assistant au mois de novembre 1792 à une séance de la Société populaire de Fontainebleau, disait : « Nous sommes les sentinelles vigilantes des lois, les surveillants des administrations et en général de tous les fonctionnaires publics. » C'était une inquisition permanente que les Jacobins faisaient subir à tous les actes du gouvernement ; à chaque instant leurs commissaires pénétraient dans les bureaux de toutes les administrations, se faisaient rendre des comptes rigoureux ; et, chose assez singulière, c'est que partout ils rencontraient de la part des ministres, des chefs de bureaux, comme des employés subalternes, la plus grande bienveillance et la tolérance la plus absolue.

Si les bons patriotes, c'est-à-dire les ardents révolutionnaires, avaient à se plaindre d'un acte quelconque, toujours auprès des Jacobins ils rencontraient des défenseurs officieux qui leur faisaient immédiatement rendre justice. Mais aussi les Jacobins considéraient comme un devoir sacré de dénoncer les mauvais patriotes, et chaque jour leurs salles de délibérations se transformaient en un véritable tribunal d'inquisition. A chaque instant, sous les prétextes les plus futiles, d'après les soupçons les moins fondés, les citoyens honnêtes se trouvaient traduits à leur barre et avaient à rendre compte de leur conduite. Enfin, ils avaient à ce point accoutumé les autorités constituées à se soumettre à leurs décisions souveraines, que, le 28 novembre 1792, le Comité de salut public invitait tous les Jacobins à lui indiquer les citoyens qu'ils jugeraient aptes à remplir les diverses fonctions publiques, et autorisait chaque membre des sociétés populaires à désigner celle des fonctions qui se trouveraient être le plus à sa convenance.

La puissance inquisitoriale des Jacobins de province, tout aussi bien d'ailleurs que celle des Jacobins de Paris, leur ingérence continuelle dans toutes les affaires du royaume, leur pouvoir absorbant toutes les autorités constituées, étaient autant de droits acquis qu'il était impossible de contester aux membres des sociétés populaires. Un décret de la Convention (1) leur accordait une entière protection ; et tout fonctionnaire public qui eût essayé d'employer contre elles un moyen pour les dissoudre, eût été puni de dix ans de fer. « L'un des droits les plus sacrés des citoyens, disait le rapporteur du décret dont nous parlons, est celui de se réunir librement, et sans armes, pour se communiquer leurs pensées et conférer sur l'intérêt public, l'action du gouvernement, la conduite des magistrats ; toute atteinte portée à ce droit est une violation de la liberté générale et individuelle ; c'est un acte oppressif qui doit être réprimé. » C'est ainsi que parfois, tout en invoquant la liberté, le législateur de l'époque dont nous essayons de retracer l'histoire n'a fait que décréter la licence.

Protégés par ce décret, les Jacobins ne mirent plus de limites à l'exercice de leurs pouvoirs absolus, et après avoir désigné eux-mêmes les fonctionnaires, ils s'arrogèrent le droit de destituer ceux-là même qu'ils avaient nommés ou qui avaient dû leurs nominations à des influence étrangères. La question fut un jour soulevée dans le sein de la société populaire de

---

(1) Décret rendu au rapport de Bar, député de la Moselle.

Fontainebleau, et le citoyen Gosset ne craignit pas de la trancher ainsi sans hésitation : « La République française, disait ce Jacobin, vient, par l'organe de la Convention, de se déclarer gouvernement révolutionnaire ; il s'ensuit que toutes les autorités sont maintenant des corps révolutionnaires ; conséquemment, nous avons le droit incontestable, droit délégué par nos représentants, de destituer tous les fonctionnaires publics qui n'agiraient pas assez révolutionnairement. »

En résumé, toujours actives, toujours surveillantes, les sociétés populaires de 1792 devinrent, avec des apparences de patriotisme et sous les dehors d'une sainte vertu, les véritables tyrans de notre pauvre France. Ne sachant que détruire, jeter le désordre et fomenter la guerre civile, incapables de combler les gouffres qu'elles creusaient et de rétablir le calme et la prospérité du pays, on ne saura jamais tout le mal qu'elles ont causé à notre pays. Lorsque nous songeons à leur puissance et à la renommée dont elles jouissent encore aujourd'hui, nous ne pouvons nous empêcher de remarquer avec Mont-Gilbert « que le Français, naturellement magnanime et confiant, est constamment la dupe de tous les coquins qui se constituent devant lui en personnages vertueux. »

C'est l'histoire d'une de ces sociétés populaires, d'un de ces clubs jacobins de province, celui de Fontainebleau (Seine-et-Marne), que nous avons l'intention d'esquisser ici en quelques pages. Puisse le lecteur rencontrer dans notre récit la preuve des faits généraux que nous venons de rappeler.

II.

FONDATION ET ORGANISATION

du

CLUB POPULAIRE

de Fontainebleau.

C'est le 5 mai 1791 que se fondait à Fontainebleau la Société populaire qui s'intitulait : Société des amis de la Constitution, et que le 11 novembre 1792, « en raison de la différence des circonstances » et pour imiter la Société des Jacobins de Paris, changeait ce premier titre en celui de : Société des Amis de la liberté et de l'égalité.

Le fondateur de cette Société jacobine semble avoir été un sieur Maréchal. C'est lui que nous trouvons, dès la première séance, en possession du fauteuil présidentiel, c'est chez lui que se tient la première réunion. A ses côtés siège, en qualité de secrétaire, un sieur Saint-Martin, sous-officier aux chasseurs du Hainaut, dont l'activité et le dévouement à la Société ne tardèrent pas à se manifester avec éclat. Autour de ces deux habitants de Fontainebleau se groupent bientôt diverses autres personnes, tels que les sieurs Avril, Belot, Bulot, Noret, Gaultier, Normand, Prodhomme, etc.; au nombre d'environ quarante, la Société populaire se trouve ainsi fondée.

Un certain nombre de Sociétés semblables existaient à cette époque en Seine-et-Marne : Provins, Meaux, Melun, Brie-Comte-Robert, Juilly, possédaient depuis plusieurs mois déjà des clubs jacobins (1). La Société de Melun avait été fondée le 8 décembre 1790 et elle figure presque en première ligne au nombre des 229 Sociétés de province qui, à la date du mois de mars 1791, étaient affiliées aux Jacobins de Paris. Aussi est-ce à la Société de Melun que la Société de Fontainebleau va s'adresser tout d'a-

---

(1) Par la suite, des Sociétés populaires furent fondées à Lagny et à Rozoy-l'Unité. Le 5 août 1793, les membres du Comité de correspondance de la Société de Lagny étaient les citoyens Berthoud, Rémy, Bouleau, Desmary et Naudin. — Le 24 juin 1794, les membres du Comité de correspondance de la Société de Rozoy étaient les citoyens Bridou, président; Pascal, Berne et Aviat, membres; Garnier, secrétaire. (*Archives municipales* de Fontainebleau, pièces imprimées.)

bord pour solliciter son patronage et obtenir avec elle une affiliation. Dans sa séance du 22 mai 1791, la Société de Melun consent à s'affilier à la Société de Fontainebleau, et c'est dans ces termes qu'elle fait part de sa décision à ses frères de Fontainebleau :

« Messieurs (1), nous avons toujours désiré voir
« se former dans la ville de Fontainebleau une So-
« ciété des Amis de la Constitution, c'est avec la
« plus vive satisfaction que nous avons appris que
« ce vœu était exaucé. Nous sommes charmés que
« les membres chargés par vous de nous demander
« une affiliation si nécessaire au succès de nos
« communs efforts, aient été les témoins de notre
« empressement unanime à l'accepter et des ap-
« plaudissements que votre zèle et vos sentiments
« civiques ont reçus de notre Société. Il y a quel-
« que temps, nous avions arrêté de n'accepter d'af-
« filiation qu'avec les Sociétés qui auront (sic) déjà
« obtenu celle des Jacobins de Paris ; mais cette
« délibération n'a été rappelée que pour offrir à
« nos frères de Fontainebleau, par une exception
« en leur faveur, un témoignage de notre attache-
« ment fraternel, du désir que nous avons de res-
« serrer par une union plus étroite les liens qui
« doivent unir les citoyens du même département,
« les habitants de deux villes voisines.

---

(1) L'appellation de *citoyen* ne fut en usage qu'à partir du 18 novembre 1792 dans la Société populaire de Fontainebleau.

« Nous sommes fraternellement vos amis et con-
« citoyens.

> « (Signé) : Pichonnier, curé d'Andrezel,
> « président ; Dussy, Mestier
> « (Simon), Métier, curé, et
> « Giot (Théodore), ex-prési-
> « dent, secrétaires (1). »

A l'exemple et grâce à l'initiative des Jacobins de Fontainebleau, plusieurs sociétés populaires ne tardèrent pas à se former dans le district de Nemours. A Moret (2), à Nemours, à
Thomery (3) et à Montereau, quelques citoyens
se réunirent pour coopérer, comme ils le pré-
tendaient, « au salut de la chose publique. »
Voici le procès-verbal de la première séance de
la Société populaire de Montereau-fault-Yonne ;
il nous montre bien nettement les sentiments qui
présidaient à la formation de ces clubs jacobins
de province qui se répandaient alors sur tout
le territoire avec une si prodigieuse rapidité !

« L'an 1792, le quatrième de la Liberté, le pre-
« mier de l'Egalité, le 16 août, à sept heures du

---

(1) Lettre copiée dans le Registre des séances de la
Société, à la Bibliothèque municipale de Fontainebleau.

(2) Le citoyen Bonnissant en était le président.

(3) Fondée le 21 octobre 1793, affiliée à la Société de
Fontainebleau le 11 décembre suivant.

« soir, se sont réunis en vertu des droits de
« l'homme, et après avoir satisfait aux lois régle-
« mentaires sur les Sociétés patriotiques, les ci-
« toyens de la ville de Montereau-fault-Yonne : les-
« quels, considérant que la patrie est en danger,
« qu'il est urgent que les hommes libres veillent
« pour la sauver, ont formé le dessein de s'assem-
« bler paisiblement et sans armes, trois fois par
« semaine, les dimanche, mardi et jeudi, aux fins
« de coopérer, autant qu'il sera en eux, au salut
« de la chose publique ; pourquoi ils ont juré de
« maintenir la liberté et l'égalité contre les atten-
« tats des rois ou de mourir en les défendant ;
« d'après quoi ils ont averti, par des commis-
« saires, la municipalité de l'établissement de la
« Société.
« Après que le président d'âge a eu fait place
« au citoyen Cartel, qui a réuni la majorité des
« voix, on a procédé à l'élection des secrétaires.
« d'un archiviste et d'un trésorier ; les citoyens
« Mattei, Loisel le jeune, Le Bœuf et Sauvage ont
« été élus ; après quoi il a été arrêté par les ci-
« toyens, étant au nombre de soixante, que l'ex-
« trait du procès-verbal de la séance du jour se-
« rait envoyé à la Société-mère, séante aux Jaco-
« bins de Paris, aux fins d'obtenir l'affiliation qu'elle
« a accordée aux autres Sociétés populaires de
« l'empire (1). »

Cette affiliation à la Société-mère était solli-
citée par presque toutes les Sociétés populaires

---

(1) *Journal des Amis de la Constitution* : Lettres et
documents. Les Jacobins de Paris n'accordèrent l'affiliation à ceux de Montereau qu'au mois de décembre 1792.

de province ; la demander était toujours l'occasion de longues discussions, l'obtenir était considéré comme un honneur. Peu importait cependant à la plupart de ces Sociétés naissantes de se ranger sous tel ou tel drapeau, de se constituer les défenseurs de telle ou telle doctrine, ce que les membres de ces Sociétés voulaient, avant tout, c'était user d'une liberté nouvelle, se réunir et parler ainsi, à tort et à travers, de toutes choses et de plusieurs autres encore. C'est ainsi que s'explique l'hésitation manifeste des *Amis de la Constitution de Fontainebleau,* lorsqu'il s'est agi pour eux, au début de leur formation, de solliciter le patronage soit des Jacobins, soit des Feuillants, qui étaient à Paris les deux grandes Sociétés rivales. De nombreuses et longues discussions ont lieu à cette occasion, et les membres de la Société populaire de Fontainebleau, subissant sans doute les tendances alors royalistes de celle de Melun et l'influence du marquis de Gouy d'Arcy, allaient peut-être se déclarer *Feuillants,* si le nommé Giot, un fougueux jacobin celui-là, ne s'était présenté à la tribune, le 4 septembre 1791, et n'avait exposé, dans un discours des plus énergiques, « la conduite toujours franche et loyale des Jacobins. » Giot énuméra complaisamment « les services nombreux que les Jacobins ont rendus, » ceux qu'ils sont encore appelés à rendre, et sa harangue produisit une telle impression sur l'auditoire que, séance tenante, il fut décidé, par 29 voix contre 8, que c'était aux Jacobins de Paris que la Société populaire de Fontainebleau entendait solliciter désormais l'honneur d'une affiliation.

Après quelques formalités remplies, l'appui de deux Sociétés voisines et le patronage de trois Jacobins de Paris, la Société populaire de Fontainebleau fut affiliée, en décembre 1791, à la Société-mère, et les relations qui s'établirent entre ces deux Sociétés jacobines furent telles par la suite que, le 29 janvier 1793, la Société de Paris écrivait à celle de Fontainebleau la lettre assez curieuse que voici :

« Frères et amis, les républicains sont au-dessus des dangers, la calomnie peut les poursuivre, « mais jamais elle ne les atteint ; jamais elle ne « fléchit leurs caractères, la trempe républicaine « est indélébile ; c'est cette trempe que nous avons « trouvée dans ceux qui, parmi vous, ont coura- « geusement dénoncé les abus ; et tous ceux qui « n'ont pas eu le courage d'imiter leur exemple, « nous paraissent de faux républicains ou au moins « des hommes que la timidité dirige, que la fai- « blesse maîtrise.

« Soutenez, frères et amis, ce courage énergi- « que ; c'est avec lui, oui, avec lui seul que vous « concourrez à sauver la patrie. Plaignez, plaignez

« ces êtres que l'intrigue fléchit ou que la crainte
« amollit; jamais la Liberté ne se félicitera de leurs
« efforts, jamais elle ne regardera pour ses vrais
« défenseurs que ceux qui, révères dans leurs prin-
« cipes, dans leurs actions; que ceux qui, inflexi-
« bles, sauront braver la mort plutôt que de laisser
« l'intrigue et le crime triompher. Qu'ils périssent
« donc ces hommes que la mollesse, que le mo-
« dérantisme dirigent ! Seuls, ils perdraient la pa-
« trie ou la laisseraient esclave à leurs enfants, à
« leurs neveux. Nous, soyons énergiques; péris-
« sons, s'il le faut, mais soyons libres; libres, nos
« neveux nous vengeront ! — Salut et frater-
« nité (1).

> « (Signé) : *Les Membres du Comité de*
> « *correspondance :*
>
> « CAZALÈS, président ; Armand LA-
> « RASSE, LECLERC, BRIQUELEU,
> « LASSE, TROUSSEAU, VELLAL,
> « PERSIVAL et KICULIA. »

Bien qu'existante depuis le cinq mai, ce n'est
véritablement que le 8 mai, par la constitution
de son bureau, que la Société populaire de
Fontainebleau fut fondée (2). Son organisation

---

(1) Nous avons trouvé cette lettre manuscrite dans les
Archives municipales de Fontainebleau, où elle est conservée.

(2) Le bureau fut ainsi constitué : AVRIL, président;
MARÉCHAL, vice-président; BULOT, BELOT et NORMAND,
secrétaires; GODARD, trésorier.

intérieure fut des plus simples, et le règlement, successivement amendé et modifié, vint aboutir à un règlement définitif (2 décembre 1793), qui se divise en cinq chapitres que nous allons successivement parcourir (1).

A la tête et comme représentant officiel de la Société, était un président élu tous les mois, mais rééligible après l'intervalle d'une présidence. Trois secrétaires étaient nommés pour trois mois, mais renouvelés tous les mois par tiers ; enfin un trésorier, un archiviste et un censeur spécialement chargé d'inspecter l'entrée de la salle des réunions, complétaient le bureau de l'assemblée. Les trois dernières fonctions dont nous venons de parler duraient une année. A l'ouverture de chaque séance, le président désignait deux censeurs chargés de maintenir l'ordre dans l'assemblée. Trois comités, les comités de présentation, de correspondance et de surveillance, existaient en outre et fonctionnaient sans cesse. Les membres de ces

------

(1) Voir à la Bibliothèque nationale de Paris un exemplaire imprimé de ce règlement. C'est le seul règlement imprimé d'une Société populaire de province que nous ayions rencontré.

divers comités étaient nommés au scrutin et à la majorité relative des membres présents ; le trésorier était le seul fonctionnaire pour l'élection duquel la majorité absolue était requise. Les membres des comités étaient en fonctions pour trois mois, rééligibles ; on les renouvelait par tiers tous les mois.

Nous venons de voir la durée des diverses fonctions ; pour que les élections à ces fonctions fussent valables, la présence d'au moins trente membres était nécessaire. Chaque membre votant devait écrire lui-même son bulletin de vote sur le bureau de l'Assemblée ; un des secrétaires tenait la liste des votants, et le président, assisté de deux membres choisis par lui dans l'assemblée, dépouillait le scrutin.

Pour être admis membre de la Société, il fallait se présenter sous le patronage de deux membres, être électeur aux assemblées primaires et même justifier de l'acquit de ses contributions. Hâtons-nous de dire que cette dernière condition, posée en principe dans la Société populaire de Fontainebleau, ne tarda pas à n'être plus requise et disparut même complétement du règlement définitif. D'ailleurs, les Sociétés populaires qui voulurent, comme celle de Melun, par exemple, n'admettre au nombre de leurs membres que ceux qui payaient la contribution exigée de ceux que l'on appelait des citoyens actifs, et n'accorder voix délibérative qu'à ceux qui payaient annuellement la valeur de dix journées de travail, ces Sociétés, disons-nous, étaient traitées d'aristocrates et devaient céder bien vite aux réclamations de la presse révolutionnaire qui ne les ménageait guère. « Eh quoi ! s'écrie l'auteur des *Révolutions de Paris* (1), le club de Melun ne reconnaîtra de frères que dans la classe riche et la respectable indigence n'obtiendra que son mépris ?... Quand il faut des richesses pour être membre d'une Société, bientôt on est dispensé d'avoir des vertus... La Société de Melun est indigne de fraterniser avec les autres Sociétés qui savent mettre un Aristide pauvre au-dessus d'un Crassius, et qui comptent la vertu pour tout et la richesse pour rien. »

Pendant quinze jours, tout postulant était inscrit sur la liste des candidats ; le comité de présentation faisait une enquête, et à la suite d'un scrutin public, l'admission n'avait lieu que

---

(1) Prudhomme, *Révolutions de Paris*, n° 129, décembre 1791.

si le postulant avait réuni la majorité absolue des suffrages exprimés par les membres présents.

L'accomplissement de ces diverses formalités suffit longtemps pour l'admission d'un citoyen au nombre des membres d'une Société populaire ; mais, à partir du mois d'août 1793, alors que les haines de parti s'accentuaient de plus en plus, que les dénonciations et les arrestations devenaient chaque jour plus nombreuses, une procédure nouvelle, celle du *scrutin épuraratoire*, fut mise en usage. Beaucoup d'honnêtes et paisibles citoyens se donnaient en effet à cette époque des airs de farouches sans-culottes, et sollicitaient leur entrée dans la Société populaire pour y chercher et y trouver un abri contre la malveillance, la calomnie et les poursuites incessantes dont ils étaient l'objet. C'est cet état de choses contre lequel s'élevait un jour le citoyen Giot, lorsqu'il disait aux Jacobins de Fontainebleau : « Quelques patriotes de fraîche date cherchent un asile dans notre Société ; de là sans aucun doute les nombreuses adhésions que vous voyez chaque jour venir à vous ; prenez-y garde ! »

Ce n'était pas seulement pour écarter de leur société les timides et les modérés devenus Jacobins et révolutionnaires par suite de la Terreur, que le *scrutin épuratoire* fut mis en pratique, ce fut aussi pour « éprouver le patriotisme » des anciens membres de la Société, dont le dévouement à la cause de la Révolution était également mis en doute.

Subir la formalité d'un *scrutin épuratoire* était bien loin d'être une formalité banale. En séance publique, nous allions dire en séance solennelle, car il fallait que l'assemblée fût nombreuse, le citoyen dont on allait épurer le patriotisme se présentait devant le bureau de l'assemblée comme devant un véritable tribunal d'inquisition ; le président lui adressait alors une série de questions auxquelles il lui fallait immédiatement répondre, sans hésiter, et sans laisser surtout le plus léger doute planer sur son civisme, dans l'esprit des assistants. Voici un aperçu des questions qui étaient adressées à celui qui subissait la formalité du *scrutin épuratoire* (1).

« Quels sont tes noms et prénoms ? — Le nom « de ton pays ? — Ta profession ? — Où étais-tu

---

(1) Le questionnaire que nous reproduisons est celui qui était en usage dans la Société populaire de Fontainebleau. Le nombre et la nature de ces questions variait assez suivant les sociétés populaires dans lesquelles elles étaient posées.

« au mois de juillet 1792 ? — Quelle est ton opi-
« nion sur la Révolution française ? — As-tu rendu
« des services à la chose publique ? — Quelle est
« ta conduite privée ou politique ? — Quels sont
« les journaux auxquels tu es abonné depuis la
« Révolution ? — As-tu cabalé ou fait cabaler pour
« être porté aux fonctions publiques ? — Depuis
« combien de temps es-tu dans cette ville ? — De-
« puis quand es-tu Jacobin ? — As-tu payé tes im-
« positions ? — As-tu appartenu aux émigrés, et
« dans quel temps les as-tu quittés ? — As-tu été
« noble ou prêtre ? — Où étais-tu le 10 août
« 1792 ? — Où étais-tu à l'affaire du Champ-de-
« Mars ? — »

Lorsqu'une réponse avait été fournie à cha-
cune de ces questions, le président demandait
alors si quelqu'un dans l'assemblée avait un
reproche à adresser au membre qui postulait
son admission dans le sein de la société. Chacun présentait aussitôt, dans une confusion
parfois inextricable, des observations plus in-
sensées les unes que les autres, et le malheureux candidat, de la tribune où il avait été
admis à monter, était obligé de répondre à chacun du mieux qu'il pouvait. C'était pour lui une
véritable torture qu'on se plaisait souvent à pro-
longer pendant près d'une heure ; après quoi le
candidat, à bout de forces et ne pouvant presque plus parler, jurait que tout ce qu'il avait
dit était de la plus exacte vérité, et poussait en

terminant les cris traditionnels de : Vive la République ! Vive la Convention ! Vive la Montagne ! Vivent les Jacobins ! Vivent les Sans-Culottes ! etc., etc... Le président, enfin, le déclarait définitivement admis comme membre de la Société populaire.

Pour compléter les renseignements que nous avons pu recueillir sur les *scrutins épuratoires,* on ne lira sans doute pas sans intérêt quelques passages extraits de la profession de foi du citoyen Rebours, qui « brûlait depuis longtemps du précieux avantage d'être admis dans le sein de la Société populaire de Fontainebleau. » Cette sorte de confession d'un « bon patriote » donne une idée assez juste des qualités, nous dirions des défauts, dont il fallait être doué pour faire partie d'un club jacobin.

« Citoyens, disait le sieur Rebours auquel le
« scrutin épuratoire était imposé, j'ai scruté ma
« conscience et mes vies privée et sociale ; je me
« trouve complétement pur. Rien dans mes discours
« et ma conduite n'a jamais attaqué les principes
« de la Révolution. J'ai fait tous les serments que
« tout bon citoyen doit à la patrie, et de plus les ai
« observés avec la franchise d'un vrai républicain,
« dont les sentiments ont été les mêmes dès mon
« enfance. Je les avais sucés en Angleterre, où j'ai
« passé neuf années de ma vie ; je les ai conservés,
« et ils m'ont valu, dans l'ancien régime, quelques
« reproches de mes supérieurs.... Depuis l'année

« 1786, j'ai des loyers pour quinze cents livres à
« payer, sans grâces, tous les ans. La place que
« j'avais ne me rapportait que huit cents livres avec
« deux cents livres de pension ; c'était ma fortune.
« Il fallait bien que mon intelligence supplée à ma
« fortune. Tout aujourd'hui est arrêté depuis trois
« ans ; il ne m'a pas moins fallu payer le don pa-
« triotique, toutes les impositions requises par la
« loi. Ce n'est qu'à l'aide de la vente de différents
« effets que j'ai pu arriver.... Que l'on consulte
« sur ma façon de penser, sur mon patriotisme,
« sur mon civisme, je ne crains nul reproche. Je
« me suis montré le 12 juillet 1789 à Paris, pen-
« dant deux jours et deux nuits ; j'ai été de pa-
« trouilles sans désemparer ; et depuis, tant dans
« ma section que dans cette ville, je n'ai jamais
« refusé aucune garde, nommément à Paris les 31
« mai, 1er et 2 juin dernier. Aucun murmure n'a
« échappé de ma bouche ; toutes les fois qu'il a
« fallu des dons volontaires, je les ai faits ; j'ai
« donné pour armer le cavalier, de plus une che-
« mise pour les volontaires, que reste-t-il donc à
« faire pour prouver son civisme ?.... »

Inutile d'ajouter que le citoyen Rebours fut
admis membre de la Société populaire au milieu des acclamations les plus sympathiques et
les plus unanimes.

Une fois admis, le président de la Société pro-
cédait à l'installation du nouveau membre.
Cette installation consistait en une prestation

de serment et une accolade fraternelle. La petite cérémonie se terminait d'ordinaire par un discours du récipiendaire, dans lequel celui-ci témoignait avec ardeur de son civisme et de son patriotisme; c'est alors que le nouveau membre était définitivement admis « aux honneurs de la séance. »

La formule du serment prêté à partir du 12 frimaire an II (2 décembre 1793) fut la suivante : « Je jure et promets de maintenir de tout mon pouvoir l'unité et l'indivisibilité de la République, la liberté et l'égalité, et de mourir à mon poste en les défendant. Je jure également d'être le défenseur officieux de ceux d'entre vous qui seraient dénoncés, attaqués et poursuivis pour raison de leurs opinions patriotiques exprimées dans le sein de la Société, la liberté des opinions ne pouvant être restreinte par qui que ce soit, ni par aucune autorité constituée. »

Antérieurement au 2 décembre 1793, la formule du serment était plus simple; la comparaison de ces deux textes montre clairement la différence qui existait dans les opinions en 1792 et en 1793; ces deux formules retracent fidèlement les préoccupations qui agitaient les esprits à deux époques bien distinctes. Voici le texte du serment prêté en 1791 et en 1792 :

« Je jure d'être fidèle à la République française, une et indivisible ; de maintenir la liberté et l'égalité, de mourir à mon poste, s'il le faut, en les défendant ; de démasquer tous les traîtres qui parviendraient à ma connaissance, et de protéger tous les peuples qui désirent la liberté (1). »

Chaque membre, à son entrée dans la Société, recevait un diplôme, un brevet, ou comme on l'appelait aussi, une patente, en tête de laquelle se détachait une vignette représentant, dans le principe, une couronne de laurier autour de laquelle on lisait : SOCIÉTÉ DES AMIS DE LA CONSTITUTION DE FONTAINEBLEAU, et qui contenait en outre, dans son milieu, cette autre inscription, terminée par une fleur de lys : VIVRE LIBRE OU MOURIR.

---

(1) L'on pouvait adresser son serment par écrit, ainsi que l'indique une lettre du citoyen *Boucher*, adressée le 28 novembre 1793 à la Société populaire de Fontainebleau. Outre la formule du serment en usage à cette époque, et quatre jours avant l'adoption de la seconde formule, la lettre de Boucher contient cette phrase : « Je jure également l'attachement le plus inviolable à la Société populaire de Fontainebleau, *ainsi qu'à la Société-mère de Paris.* » Ce qui indique combien à cette époque (novembre 1793) les sociétés jacobines de province sentaient le besoin de resserrer de plus en plus les liens qui les unissaient à la Société des Jacobins de Paris.

Le 14 novembre 1792, les premiers diplômes imprimés furent supprimés et remplacés par des diplômes manuscrits portant ces mots : Société des Amis de la liberté et de l'égalité. Enfin, vers le mois d'août 1793, ces diplômes et cartes d'entrée furent une troisième fois modifiés, et portèrent dès lors le sceau de la Société, représentant un faisceau surmonté d'un bonnet de la liberté, et autour duquel on lisait ces mots : Société populaire de Fontainebleau.

Toute absence non motivée, pendant plus de trois mois, entraînait l'exclusion de la Société ; et si le membre ainsi rayé du nombre des membres de la Société voulait rentrer dans la Société, il devait se soumettre à toutes les formalités imposées aux nouveaux adhérents. C'est surtout aux séances mensuelles, dans lesquelles il était assez régulièrement procédé aux scrutins épuratoires, que les sociétaires étaient tenus d'assister, et, en cas d'empêchement, une lettre d'excuses adressées au Président semblait être de rigueur. C'est par la transcription littérale d'une de ces lettres que nous voulons terminer ce chapitre sur l'organisation des sociétés populaires :

Le 30 novembre 1793, le citoyen Lheureux écrivait : « Citoyen-président, plus approche l'heure « de l'ouverture de la séance, plus je souffre d'im-

« patience de ne pas pouvoir me rendre à ton in-
« vitation. La fatigue que j'ai éprouvée hier m'a
« obligé de garder le lit toute la journée; j'avais
« pris un peu de patience, croyant pouvoir marcher
« ce soir, mais cela est impossible. Je te prie de
« croire que quoique absent des travaux que mes
« frères m'ont confiés, j'en suis toujours aussi
« occupé que si j'étais auprès d'eux. Tu voudras
« bien, citoyen-président, conformément à ton in-
« vitation, recevoir mon acceptation comme si j'é-
« tais présent, en te jurant de voler aussitôt qu'il
« me sera possible dans le sein de l'Assemblée,
« pour propager avec nos frères les vrais systèmes
« républicains. Quel que soit le temps qui puisse
« m'arrêter, je te jure que je ne cesserai jamais un
« instant de chercher à découvrir quiconque ose-
« rait porter la moindre atteinte à l'unité et à l'in-
« divisibilité de la République. »

C'est bien là un spécimen de ce style am-
poulé dans lequel se trouvaient conçues toutes
ces épitres, remarquables avant tout par leur
emphase, le souci de la forme et la nullité du
fond.

Le nombre des séances tenues par la Société
populaire de Fontainebleau fut toujours assez
variable. Dans les premiers mois de son existence, il y avait deux séances par semaine, le
mercredi et le dimanche; quelques séances
extraordinaires, et presque toujours purement
administratives, avaient aussi lieu parfois le
lundi ou le vendredi. La durée de chaque séance

était de deux à trois heures environ ; elles ouvraient généralement vers quatre ou cinq heures
du soir et se prolongeaient jusqu'à sept ou huit
heures. Lorsqu'en 1793 les événements se pré-
cipitaient terribles et menaçants, et pendant
presque toute la durée de la période appelée la
Terreur, le club jacobin de Fontainebleau se
déclara en permanence, mais le plus ordinairement les réunions n'avaient lieu que tous les
deux jours : « Il y aura, dit le règlement du 12
frimaire an II, cinq séances par décades ; elles
seront les duodi, quatirdi, sextidi, octodi et dé-
cadi. »

Les réunions de Jacobins furent toujours publiques, et dès les premières nous remarquons
que les tribunes, réservées à ceux qui ne faisaient pas partie de la Société, ont été envahies
par une foule de curieux. La parole n'était
d'ailleurs pas interdite au public de ces tribunes, et quiconque voulait soumettre quelques
observations ou développer une proposition devant l'assemblée, n'avait qu'à en prévenir par
écrit le Président qui pouvait, et qui presque toujours accordait la parole à qui la demandait.

Aux termes mêmes du règlement, la liberté
de la parole était absolue et ne devait rencontrer, dans ces réunions, aucune entrave ;
n'était rappelé à l'ordre que celui qui se per-

mettait des personnalités par trop directes ou s'écartait, avec trop de sans-gêne, de la question. La tolérance à cet égard était tellement grande, que tel qui n'avait rien à dire, pouvait impunément parler pendant plus d'une heure, débiter les insanités les plus grossières, et finir toujours par recueillir, pour prix de son mérite, les applaudissements les plus frénétiques :

« Un sot trouve toujours un plus sot qui l'admire! »

Si les orateurs ne faisaient jamais défaut et ne se lassaient jamais de parler, les auditeurs se lassaient souvent d'entendre et désertaient la salle des séances; il fallut à plusieurs reprises user presque de contraintes pour combler le vide trop persistant des tribunes, et le 21 septembre 1791, par exemple, un des membres du club les plus bavards, le citoyen Jacasse (un nom prédestiné s'il en fût), se plaignait amèrement de ces désertions continuelles et essayait de ranimer le zèle des sociétaires.

Les Jacobins de Fontainebleau changèrent souvent de domicile, et si nous les suivons pendant quelques instants dans leurs diverses résidences, nous suivrons en même temps, d'une manière bien frappante quoique bien sommaire, les progrès et les modifications des idées qui se sont produits dans l'esprit de nos Jacobins de province. Nous les trouvons d'abord réunis chez le citoyen Maréchal, le fondateur de la Société ; puis, dès le 29 mai 1791, ils s'installent dans une salle que leur loue, à raison de six livres par mois, le citoyen Gosset. Quelques mois plus tard, Gosset trouve ses locataires fort incommodes, leurs allées et venues continuelles le gênent et l'obligent à laisser trop souvent sa maison ouverte au premier venu ; les amis de la liberté et de l'égalité sont alors contraints de se transporter dans une salle de l'ancien hôtel de Souvray et dont un sieur Gouffé se trouvait propriétaire.

Nous sommes ainsi arrivés au 13 juin 1792, et repoussant l'offre toute gracieuse du citoyen Mirvoille qui consentait à ce que son hôtellerie de la ville de Lyon devînt gratuitement le lieu de réunions des Jacobins de Fontainebleau, ceux-ci n'avaient plus qu'un rêve, c'était d'aller s'installer dans le palais de Fontainebleau, ou tout au moins dans quelques-unes de ses dépendances. L'hôtel du Grand-Ferrare attirait tout spécialement leur attention et devenait chaque jour de plus en plus l'objet de leurs convoitises ; mais le Directeur du département faisait à leurs demandes la sourde oreille, et obsédé par leurs réclamations journalières, finissait, le 28 août 1792, par leur dire que c'était impossible, qu'il n'y fallait pas songer, parce que « le Grand-Ferrare faisait partie des réserves du Roi. » Découragés par cette réponse, mais non pas désarmés, nos Jacobins s'adressent alors au ministre. Les mêmes difficultés sont soulevées de nouveau ; mais en présence des obsessions constantes auxquelles il était en but, Rolland, ministre de l'intérieur, cède enfin, et le 16 décembre 1792, la Société populaire de Fontainebleau est autorisée à tenir ses séances à la *Chancellerie*, dans une des dépendances du château.

En décembre 1792, un club populaire souillait par sa présence le palais de Fontainebleau, *cette maison des siècles* ; un an plus tard, le 4 décembre 1793, ce même club allait souiller également l'église de la ville, la *maison de Dieu* (1), et c'est par le discours suivant, que les Jacobins, tout enorgueillis de leurs funèbres triomphes, inauguraient cette nouvelle salle de réunions :

---

(1) « A défaut de local dans les maisons particulières, disait l'auteur des *Révolutions de Paris* (n° 73), ne pourrait-on pas s'emparer de quelques-unes de ces églises que la suppression des reliques et des chanoines rend vacantes. »

« Citoyens, disait le citoyen Bataille, président de
« la Société, ce jour, aujourd'hui mémorable par
« la réunion et les principes qui nous y conduit (*sic*),
« doit être un des plus beaux de nos jours. C'est
« dans ce temple de la Raison, de la Liberté et de
« l'Egalité, que tout vrai républicain doit se réunir;
« c'est en cette union que repose notre force ; sans
« elle point de liberté ; c'est ici que le Français,
« digne républicain, doit, tant par son exemple, la
« soumission aux lois, que par l'amitié et la frater-
« nité, prouver à ses concitoyens qu'il est digne
« d'être libre. Il ne suffit pas de prêcher l'union,
« il faut en montrer l'exemple ; il n'est sûrement
« pas un de vous qui ne soit pénétré de ce senti-
« ment.

« Arrivez, citoyens et citoyennes ; soyez témoins
« de nos actions ; puisez dans nos principes le
« germe du plus pur patriotisme, amenez vos en-
« fants à cette école sublime, afin que là, et de
« bonne heure, ils y reçoivent les premiers prin-
« cipes de la morale républicaine ; ils n'y enten-
« dront pas des mots insignifiants ; nous ne cher-
« chons pas à vouloir leur persuader que telle ou
« telle chose existe, mais que jamais ils ne la con-
« naîtront ; ils n'entendront ici que le langage de
« la liberté. Ils apprendront à aimer leur patrie et
« à ne déposer les armes que quand nos ennemis se-
« ront terrassés ; en profitant de ces principes, ils
« s'affermiront dans le serment que nous avons
« prêté et que nous allons renouveler ici : de vi-
« vre libre ou mourir. Vive la République ! »

Cette séance d'inauguration de la Société populaire de Fontainebleau dans l'église de la

ville ne se distingua d'ailleurs par aucune autre particularité. Pillée, dévastée, mutilée, l'église, sous la direction de l'architecte Saulgeot, avait été appropriée à sa nouvelle destination ; des banquettes, une tribune placée au milieu de la nef, et une inscription toute jacobine en composaient tout l'ornement. Cette inscription était ainsi conçue :

« Amis, rendons hommages aux talents, aux vertus,
« Ne donnons point nos voix à celui qui les brigue ;
« Imitons les Romains envers Cincinnatus,
« Ecrasons les tyrans et confondons l'intrigue.

Enfin chassés par les froids excessivement rigoureux de l'hiver 1793-1794, *les amis de la Liberté et de l'Egalité* de Fontainebleau durent bientôt abandonner l'église réservée au culte de l'Etre Suprême, et se réfugier, comme de véritables conspirateurs, dans les salles basses de la sacristie ou dans les dépendances les plus obscures et les plus secrètes de l'église. C'est blottis dans ce dernier asile que nous retrouverons nos Jacobins de province, tout démembrés et se soupçonnant sans cesse les uns les autres, au moment de leur dispersion, au mois de juillet 1794, après la chute de Robespierre.

Ce qui permit aux membres de la Société populaire de Fontainebleau de se soutenir pendant plusieurs années, malgré leurs divisions intérieures, malgré les désertions nombreuses dont cette association était parfois l'objet, malgré enfin ces nombreuses pérégrinations à travers les différents quartiers de la ville, ce sont peut-être leurs ressources financières, qui, sans être considérables ou prospères, ne firent pourtant jamais défaut. Nous allons passer rapidement en revue quelques-uns des budgets qui, tous les trimestres, étaient établis par les soins des trésoriers de la société.

Un mois après sa fondation, le 10 juin 1791, la Société possédait en caisse 148 livres 16 sols 9 deniers ; les recettes du mois de mai s'étaient élevées à 249 livres et les dépenses à 100 livres 3 sols 3 deniers. Remarquons qu'à ce moment la société-mère de Paris, qui existait depuis près de deux ans, était bien loin d'avoir un budget aussi prospère ; loin d'être en équilibre, il se soldait au contraire par un gros déficit (1). Quelques mois après, le 16 février 1792, il ne reste en caisse que 45 livres 9 sols 3 deniers, mais dès le 10 mai suivant, la situation s'améliore assez sensiblement, et les comptes du trésorier, malgré de grosses dépenses occasion-

---

(1) Voir dans le *Journal des Amis de la Constitution* le compte-rendu du trésorier en juin 1791.

nées par la réinstallation de la Société dans l'hôtel de Souvray, accusent encore un excédant en caisse de 58 livres 1 sol 3 deniers. Au premier octobre 1792, de fortes sommes ont été versées pour solder les impressions diverses faites pour le compte de la Société, et pourtant nous rencontrons encore un solde en caisse de 64 livres 7 sols 3 deniers. Enfin, du 14 octobre 1792 au 6 février 1793, les recettes sont de 207 livres 7 sols, les dépenses de 164 livres 4 sols, et l'excédant en caisse est de 43 livres 3 sols. A partir du 6 février 1793, nous n'avons plus retrouvé trace de ces situations financières, de ces bilans trimestriels de la Société populaire, mais aussi, depuis cette époque, aucun procès-verbal des séances ne relate une situation précaire qui soit de nature à entraver la marche de la Société ; et il faut arriver aux trois ou quatre derniers mois de l'existence du club jacobin, pour entendre les plaintes et doléances du dernier trésorier qui, trouvant sa caisse complétement vide et constatant l'impossibilité de faire opérer les recouvrements des cotisations mensuelles dues depuis plusieurs mois, déclare donner sa démission ; ce qui paraît accepté par l'assemblée qui ne procède pas d'ailleurs à son remplacement. Le désarroi était à cette époque bien moins encore dans les finances de la Société que dans les esprits des sociétaires ; le régime de la *Terreur* avait affolé tous les les citoyens et le club jacobin n'existait déjà plus que de nom.

Les recettes d'une société populaire, comme celle dont nous parlons, consistaient en un droit d'admission, sorte de droit d'entrée ou de première mise, payé par tout nouveau membre de la Société, et de plus en une cotisation mensuelle dont le montant d'ailleurs était assez variable. En principe, tout membre de la Société devait et le droit d'entrée et la cotisation mensuelle ; mais, dans la pratique, lorsqu'on était reconnu bon patriote, et que l'on justifiait ne pouvoir acquitter sa cotisation, les *Amis de l'Egalité* dispensaient de ces différentes cotisations ceux qu'ils jugeaient dignes de cette faveur spéciale. Il avait été également question de fixer à 6 livres le droit d'entrée, mais « attendu l'inégalité des facultés et le contraste qu'il pourrait y avoir en exigeant une somme aussi forte, » la somme à verser, comme fonds de réserves, par tout nouveau membre admis, fut définitivement fixée à 3 livres. Quant à la cotisation mensuelle, elle était de 20 sols par mois, et ce ne fut qu'à partir du 1er août 1793, alors que le prix des denrées alimentaires de-

venait fort élevé, et qu'il faisait très-cher à vivre,
que cette cotisation fut réduite à 10 sols.

Un mot maintenant sur les dépenses ordinaires du club jacobin de Fontainebleau et nous
aurons épuisé la question financière concernant cette société. Les plus grosses dépenses
consistaient en impressions de discours et de
circulaires, d'adresses à la Convention et de
rapports sur certains travaux ; les abonnements
aux journaux, l'abonnement au journal *logotachigraphique* des Jacobins de Paris, les frais
de correspondances avec les sociétés affiliées,
entraient aussi pour une bonne part dans les
dépenses générales ; enfin les locations et en-
tretiens de la salle des séances et du cabinet
de lecture, dont nous allons parler, complétaient le budget des dépenses ordinaires. (1)
Les dépenses de chauffage et d'éclairage se trouvaient assez souvent réduites par suite de l'a-
bandon que faisaient de leurs bénéfices les
fournisseurs de la Société. C'est ainsi par exemple que, pour remplacer le poêle, loué au sieur

---

(1) La location de la salle Gosset ou celle de l'ancien
hôtel de Souvray était de 6 livres par mois. L'employé
de la salle était payé d'abord 3 livres, puis 5 livres par
mois.

Couteau 12 livres pour tout un hiver, le sieur Duchemin fils fit don « d'un poêle beaucoup plus grand avec ses quatre longs tuyaux » qui traversaient dans la longueur la nouvelle salle de la *Chancellerie,* mise à la disposition de la Société, comme nous l'avons vu plus haut, par le Ministre de l'Intérieur.

C'était aussi bien par leurs discours que par leurs écrits que les Jacobins entendaient propager dans toute la France leurs doctrines révolutionnaires ; aussi à côté de la tribune rencontrons-nous, dans presque toutes les sociétés populaires de province, le cabinet de lecture. Dans cette sorte de bibliothèque populaire s'accumulaient brochures, journaux et livres, inspirés et rédigés par des citoyens d'un patriotisme et d'un jacobinisme le plus pur ; c'était aussi dans cette bibliothèque que se déposaient les archives de la Société, les lettres et paquets de toute nature adressés de tous côtés par toutes les sociétés avec lesquelles on avait l'affiliation, lettres et paquets qui n'étaient ordinairement décachetés ou ouverts qu'en présence de trois membres spécialement désignés à cet effet.

Les écrits qui se trouvaient être en plus grand nombre dans le cabinet de lecture à la disposition des membres de la Société populaire, étaient des écrits périodiques, des journaux qui, pour nous servir des expressions d'un écrivain du siècle dernier, « pleuvaient tous les matins comme la manne du ciel, et venaient ainsi chaque jour éclairer (?) l'horizon. » Les premiers journaux auxquels les Jacobins de province s'abonnaient, étaient nécssairement, outre le *Journal des Amis de la Constitution*, séant à Paris aux Jacobins, la *Collection des Décrets*, le *Bulletin* de l'Assemblée nationale ou de la Convention, et le *Moniteur* qui, paraissant depuis le 24 novembre 1789, n'était pas encore un organe officiel, mais avait eu, dès son apparition, de bonnes dispositions à le devenir. Ce dernier journal ne fut pas toutefois longtemps la lecture favorite des Jacobins de Fontainebleau ; certains d'entre eux firent remarquer à plusieurs reprises que le *Moniteur* était un journal « trop long à lire, » et la *Gazette universelle*, journal royaliste, rédigé par Cerisier, un ancien attaché d'ambassade à La Haye, ne tarda pas à remplacer le journal de Panckouke.

Vers la fin de l'année 1791, tous les journaux qui avaient encore conservé quelques tendances royalistes furent scrupuleusement bannis des cabinets de lecture qui comptaient pour abonnés les *Amis de la Liberté et de l'Egalité*, et dès lors les seuls journaux accueillis et lus dans les sociétés jacobines étaient ceux-ci : La *Feuille villageoise*, rédigée par Cerutti, Rabaut-Saint-Etienne, Grouville et Guingené ; — le *Journal du Soir* des frères Chaigneau ; — le *Journal de la Montagne*, feuille très-importante, rédigée sous la direction de Ch. Lavaux et Th. Rousseau ; — *le Père Duchesne* et le *Journal Logotachigraphique* des séances de la Société des Jacobins de Paris, que ceux-ci adressaient aux Jacobins de province moyennant 3 sols 6 deniers par personne, versés tous les trois mois.

Moyennant cette petite cotisation trimestrielle, la société-mère des Jacobins de Paris adressait, en outre, aux sociétés populaires de province, « les meilleurs écrits » qui avaient été lus dans les séances de la Société parisienne, ainsi que des cartes, au moyen desquelles chaque sociétaire de province pouvait visiter tous les clubs patriotiques de France. Ces meilleurs écrits, ainsi que des circulaires, des discours et des adresses de toute nature, étaient aussi envoyés en très-grand nombre à chaque société populaire de province, avec une affectation spéciale ; et, dès qu'ils avaient été lus, à la première séance qui suivait leur envoi, ils étaient aussitôt répandus dans toutes les communes environnantes et distribués à tous les citoyens et à toutes les citoyennes, « comme étant très-bons pour les instruire et les éclairer et ranimer leur patriotisme. » Si l'on ajoute à toutes ces brochures et à tous ces écrits adressés de Paris toutes les circulaires envoyées par les sociétés de province, affiliées à celle de Fontainebleau, comme Lyon, Toulouse, Bordeaux, Pau, Rouen, Brest, Lille, Strasbourg, Metz, Marseille et Toulon, et quelques autres encore, l'on comprendra avec quelle rapidité les archives d'une société populaire de province devaient s'accroître et combien en peu de temps sa bibliothèque devait se trouver remplie.

Si les journaux et les brochures existaient en grand nombre sur les rayons des bibliothèques populaires de 1792, les lecteurs étaient assez généralement fort rares. Ce n'était guère d'ailleurs par la lecture que les Jacobins voulaient s'instruire et conquérir des adhérents et des défenseurs ; le silence et le recueillement convenaient peu à leurs natures ardentes; à ces révolutionnaires bouillants il fallait la lutte, un public, le grand jour; et la tribune convenait beaucoup mieux à leur tempérament. Pour remédier à cette désertion persistante de la salle de lecture, les Jacobins de Fontainebleau avaient imaginé de faire lire, par quelques-uns d'entre eux, tous les soirs avant l'ouverture des séances, les journaux et brochures récemment adressés à la société populaire, et, de plus, voulant en quelque sorte poursuivre de leurs écrits les citoyens les plus réfractaires, chaque matin, avant midi, un membre de la société se dévouait à l'instruction prétendue du peuple et se rendait, à l'entrée du parc du château, sous les ombrages des grands arbres séculaires de ces jardins, pour lire à haute voix à quelques personnes de passage la feuille publique et les documents les plus importants de la société (1). Ce rôle de lecteur public fut sans doute bien fatigant, ou bien encore, ce qui est plus probable, ces lectures en plein vent n'attiraient-elles que peu d'auditeurs ; quoi qu'il en soit, elles furent de très-courte durée, et l'on ne cite que deux personnes, les citoyens Lejeune et Garot, qui aient eu le courage de se dévouer à cette œuvre de propagande révolutionnaire.

---

(1) L'endroit où se firent ces lectures publiques était sans doute ce petit coin du parc situé à gauche de l'entrée du jardin par la rue d'Avon, et qui, fréquenté encore dans ces dernières années par quelques vieillards qui y lisaient et commentaient les nouvelles, était connu sous le nom de : *Camp de la Loupe.*

III.

Les séances des Jacobins. — Les verbieurs et les charlatans en patriotisme.

____

Les travaux auxquels se livraient d'ordinaire les membres d'une société populaire de province, comme celle de Fontainebleau, par exemple, étaient bien plus nombreux et plus variés qu'ils n'étaient sérieux ou importants. Les gens qui ne savent rien, veulent presque toujours s'occuper de tout, et se figurent aisément qu'ils possèdent la science infuse, dès qu'ils se trouvent affublés d'un titre quelconque. Or, tout bon Jacobin de province était profondément convaincu, qu'une fois admis dans le sein d'une société populaire, il était apte à instruire le peuple, à l'éclairer sur ses devoirs et principalement sur ses droits, à lui dicter même des lois. L'accolade fraternelle lui tenait facilement lieu de toute étude et de tout diplôme, et dès que le président d'un club avait prononcé le fameux _dignus intrare_ et avait admis un citoyen _aux honneurs de la séance_, il eût été fort difficile de faire comprendre à ce dernier que lui, cordonnier ou chiffonnier de la veille, ne s'était pas réveillé tout-à-coup un profond philosophe, un politique habile, un sage législateur. Cette excessive confiance en soi-même nuisait certainement aux travaux auxquels tout Jacobin aurait pu parfois se livrer avec quelque fruit, dans l'intérêt commun ; et cette profonde ignorance de toutes choses n'avait d'égale que l'outrecuidance avec laquelle tout membre d'une société populaire parlait à chaque instant de tout et de plusieurs autres choses encore.

Tout le monde n'était d'ailleurs pas dupe de tous ces *verbiageurs* « qui parlent sans rien dire, ne se résument pas et ne concluent à rien ; » et, plus d'une fois, une assemblée de Jacobins, dégénérant en « une arène de professeurs de chicane, » dut se trouver dissoute par ceux-là même qui en avaient été les organisateurs. Ils furent un jour bien malmenés les « charlatans politiques » qui se trouvaient en si grand nombre dans les clubs jacobins de 1792, et qui occupaient à tout propos la tribune, dénonçant les honnêtes gens comme des traîtres à la patrie, et accusant de royalisme les citoyens les plus paisibles et les plus laborieux. On lira sans doute avec intérêt les lignes qui suivent, et qui sont la reproduction fidèle d'une très-courte, mais très-expressive allocution du citoyen Gosset, membre de la Société populaire de Fontainebleau :

« On vient de vous engager, dit le citoyen Gos-
« set, succédant à la tribune au citoyen Giot,
« un verbiageur — s'il en fût jamais, celui-là, —
« à vous tenir perpétuellement en garde contre les
« Feuillants et les modérés, mais le citoyen Giot
« a oublié de vous prémunir contre un vice que je
« considère comme bien plus dangereux: c'est
« contre le charlatanisme qu'il est bon que vous
« soyez perpétuellement en garde. C'est contre les
« *charlatans en patriotisme* que je viens, moi,
« éveiller votre surveillance ! (Bruits, interrup-
« tions, tumulte)..... Je me méfie avec raison
« de ces intrigants qui vont de sociétés en so-
« ciétés mettre leur patriotisme à l'encan ; ils ne
« cherchent qu'à arrêter l'opinion publique sur leur
« compte, pour que le peuple s'en ressouvienne à
« l'époque des élections. Tout est égal à ces intri-
« gants pourvu qu'ils arrivent à leur but !... »

C'était certes là parler en homme sage, mais
le citoyen Gosset ne put achever le petit discours qu'il avait si bien commencé ; le citoyen
Giot obtint aux prochaines élections tous les
suffrages, et depuis lors ils furent toujours nombreux ces « charlatans en patriotisme, » et nous
les voyions encore hier, nous les verrons certainement encore demain, mettre leur patriotisme
à l'encan à la veille du scrutin. Le peuple,
comme les rois, aura toujours des courtisans
dont il sera le jouet et la victime.

Lorsque les harangues des verbiageurs et des charlatans en patriotisme faisaient défaut, ce qui était rare, les séances du club jacobin de Fontainebleau, ouvertes toujours « à la manière accoutumée, » c'est-à-dire aux cris mille fois répétés de : Vive la République ! vive la Convention ! vivent les Jacobins ! vive la Montagne ! vivent les Sans-Culottes ! les séances, disons-nous, étaient remplies par la lecture des journaux, des communications diverses émanant des Sociétés populaires du royaume, des circulaires envoyées par les Jacobins de Paris, dont la correspondance particulière avait pour but, au dire de Robespierre, le bonheur public. Ces lectures duraient fort longtemps, car bien souvent telle lettre, telle circulaire, tel discours fort applaudi devait être lu et relu jusqu'à trois fois dans la même séance pour satisfaire les exigences de l'Assemblée. Après ces différentes lectures, les députations, s'il s'en présentait, étaient alors introduites, et c'était infailliblement le signal d'une série de discours dans lesquels chacun s'efforçait de vanter son patriotisme et d'assurer la Société de son inaltérable dévouement à la bonne cause, celle du désordre et de la révolution.

Restait-il, après toutes ces lectures et toutes ces harangues, quelques instants encore avant

de lever la séance, et bientôt on assistait au dé-
filé de quelques enfants, dont nous verrons plus
loin le rôle dans les Sociétés populaires, qui
venaient réciter quelque prière à l'Être suprême ou balbutier les droits de l'homme (1),
avec « le feu et la véhémence qui prouvaient qu'ils
avaient été élevés par leurs pères, dans les vertueux principes de la République. » Enfin,
comme tout en France, paraît-il, a toujours dû
se terminer par des chansons, chaque séance
d'une Société populaire fournissait l'occasion de
chanter en commun quelques chants patriotiques, suivis de romances beaucoup moins sé-
vères ; ce qui amenait une telle gaieté parmi les
assistants que des indécences de toute nature
ne tardaient pas à se manifester. Ajoutons,
pour être sincères, que le président de l'assemblée et que l'inspecteur de la salle étaient impuissants (ce sont leurs aveux mêmes que nous
recueillons) à faire cesser cette débauche d'esprit qui ne servait que de prélude à des débauches obscènes (2).

Telles étaient les occupations ordinaires des

---

(1) Procès-verbal de la séance du 30 prairial an II.
Archives municipales de Fontainebleau.

(2) Idem., du 14 pluviôse et du 27 frimaire an II.

Jacobins de province, et leurs ardeurs patriotiques ne se réveillaient que le jour où il s'agissait de porter contre un honnête homme, qui refusait de fraterniser avec eux, une accusation calomnieuse ou une dénonciation mensongère. Loin de consacrer tout leur temps à l'intérêt général, devant lequel tous les intérêts particuliers doivent s'anéantir, les membres des sociétés populaires donnaient un libre cours à toutes leurs rancunes personnelles, aux haines terribles de clocher, et une fois sur cette pente dangereuse de la vengeance, ils en vinrent à se soupçonner et à se dénoncer eux-mêmes les uns les autres. En octobre et en novembre 1791, la Société populaire de Fontainebleau commence par dénoncer les prêtres et tous les membres du clergé des environs. Tour à tour le curé de Moret, le prêtre Charlier, le curé de Fontainebleau sont dénoncés comme réfractaires à la loi, pour avoir refusé de prêter le serment civique; puis, il n'est plus question que d'une société clandestine de prêtres réfractaires qui tiendrait ses séances chaque jour, dans la rue d'Avon, à onze heures du soir; ou bien encore l'on parlera beaucoup de la « conduite inconstitutionnelle » des sœurs du Mont-Pierreux, désignées sous le nom de Filles-Bleues. En 1792, ce sont les royalistes, les partisans des émigrés qui seront dénoncés et poursuivis sans trêve ni merci; puis viendra le tour des officiers municipaux qui auraient eu le tort, si l'on en croyait leurs dénonciations, d'amasser dans la ville de l'avoine et du foin. Au mois de mars 1793, ce sont les députés de Seine-et-Marne, tel que le citoyen Geoffroy, qui méritent à leurs yeux les plus grands châtiments; et Brissot, Vergniaud, Bernard des Sablons, les idoles de la veille, ne tardent pas à devenir les ennemis du lendemain qu'il faut châtier avec la « scélérate Capet, » qu'ils prétendent être la source de tous leurs maux. Enfin, quelques mois plus tard il suffira, pour être dénoncé et poursuivi d'un propos de cabaret ou d'une parole inconsciente échappée de la bouche avinée d'un ivrogne; (1) la vie et l'honneur d'un citoyen deviennent chaque jour les jouets d'un révolutionnaire éhonté ou d'un clubiste à la mode.

---

(1) Voici le texte d'une dénonciation de ce genre que nous avons copiée dans les Archives auxquelles nous avons fait la plupart de nos emprunts : « Le citoyen Pétit dit : avant-hier, 18 thermidor, étant à dîner chez le restaurateur avec le citoyen Leblanc, près le pont tournant, le citoyen Senèz entre avec quatre autres citoyens; étant en conversation avec sa société, il parlait d'agent national et de dix mille livres pour avoir raison d'une affaire. Dans la conversation je lui ai entendu dire qu'il

Si l'histoire de toutes ces dénonciations, sur lesquelles, faute de preuves, la Société de Fontainebleau passait presque toujours à l'ordre du jour, pouvait offrir le moindre intérêt, on en ferait facilement un volume, mais nous avons hâte de signaler l'ingérence de tous les Jacobins de cette ville dans tous les services administratifs établis autour d'eux, ainsi que leurs luttes avec l'administration municipale.

Dès l'origine de la Société populaire de Fontainebleau, ses membres avaient chargé quatre d'entre eux d'aller près du secrétaire de la municipalité afin d'y compulser les registres et d'y surveiller tout ce qui concernait les intérêts de la commune. Pendant toute la durée de son existence, la société ne manqua pas un seul jour de faire ainsi surveiller, d'une manière continue, les actes de l'administration municipale, mettant à chaque instant celle-ci en de-

---

avait été redemandé à la Société populaire, et il répondit qu'il n'était pas fait pour être dans une société de scélérats. Alors je me suis levé et lui dis : Tu es bien dans l'erreur, la société n'est pas faite pour rappeler quelqu'un qu'elle a destitué de son sein ; si elle est composée de scélérats, j'en suis donc un, j'en rendrai compte à la société. Il m'a dit que ce n'était pas celle de Fontainebleau. Leblanc me fit connaître que c'était Métier qui était avec lui et trois autres. *(Signé) Petit.*

meuro de fournir ses comptes ou de donner tels renseignements qui étaient jugés utiles. La même surveillance s'exerçait également sur les employés du Ministère de la guerre, au dépôt de remonte qui était alors à Fontainebleau. Tous les deux jours, deux membres de la Société populaire étaient désignés pour inspecter ce service et rendre compte de ce qui se passait dans cette administration. Les plaintes et les réclamations abondaient, comme bien l'on pense, de la part de ces commissaires; un jour, le chef du dépôt a trop fatigué les chevaux de remonte; une autre fois, les employés les ont trop fait galopper; aujourd'hui, la nourriture a été insuffisante; demain, le pansage aura été mal fait; et toutes ces réclamations n'avaient qu'un but; nous en trouvons l'aveu dans une lettre d'un des commissaires, c'était de « faire remplacer les chefs de cette administration (1). » Cette surveillance, ainsi exercée par les Jacobins sur l'administration des remontes, était si bien entrée dans leurs habitudes, que le commis-

---

(1) « L'envie d'avoir des places, dit, en parlant des Jacobins de Paris, *l'observateur* Charmont, fait qu'ils se dénoncent les uns après les autres, de manière qu'à chaque assemblée il y a des disputes interminables. » (Dauban, la Démagogie en 1793, p. 141.)

saire des guerres, venant à Fontainebleau passer une revue d'inspection au dépôt, se faisait adjoindre, pour l'assister dans ses fonctions, un membre de la Société populaire. C'est ainsi que nous avons constaté la présence du citoyen Bizot, horloger, à une inspection de ce genre (1).

---

(1) Voici une lettre qui montrera parfaitement avec quels respects le Ministre de la guerre accueillait les réclamations des Jacobins de province, et combien étaient prises en considération toutes leurs observations :

« 2ᵉ Division. « Paris, ce 14 frimaire.
« Remonte. « L'an II, année républicaine.

« Le second adjoint du Ministère de la guerre, aux ci-
« toyens composant la Société populaire de Fontaine-
« bleau.

« Le Ministre m'a renvoyé, citoyen, la lettre que vous
« lui avez écrite le premier de ce mois, par laquelle vous
« lui recommandez le citoyen Torcapel, ci-devant ins-
« pecteur du dépôt à Fontainebleau, que vous dites avoir
« été destitué de ses fonctions par le citoyen Lafosse,
« quoique son patriotisme, son zèle et ses connaissances
« fussent généralement reconnus. Je vous préviens, ci-
« toyens, que le citoyen Lafosse n'a nullement influencé
« dans la destitution du citoyen Torcapel et la suppres-
« sion seule du dépôt l'a occasionnée. Je vous renou-
« velle donc la promesse que j'ai faite au citoyen, qui
« est de lui donner la première place vacante, car je
« croirai toujours remplir les vœux du ministre, en con-
« fiant les emplois de cette importance aux citoyens qui
« joignent aux connaissances nécessaires pour les bien
« remplir, le plus ardent patriotisme. Salut et frater-
« nité. (Signé) V. D'AUBIGNÉ. »

L'administration de l'hôpital militaire était l'objet de la même surveillance ; tous les deux jours, deux commissaires étaient désignés *(procès-verbal de la séance du 7 prairial, an II)* « pour porter à nos frères d'armes malades les paroles de consolation, voir si les médicaments et les subsistances leur étaient administrés avec soin, et s'ils n'avaient aucune plainte à porter contre les officiers de santé et autres employés à cette administration. » Les Jacobins désignés pour ces inspections s'appliquaient peu à la surveillance des médicaments et des subsistances, et s'occupaient moins de remédier à l'état de santé des malades, que de prêcher à ceux-ci les doctrines révolutionnaires. Comme nous le disions plus haut, ils ne savaient que parler, que discourir à tout propos.

Un jour, le 29 floréal an ii, une centaine de malheureux blessés arrivent à Fontainebleau, dans un état affreux et gémissant sous le poids des plus atroces souffrances. La Société populaire se porte au-devant d'eux, et pour tout remède, le Président du club jacobin se met à prononcer un discours interminable sur les vertus républicaines. Un chirurgien-major intervient, il fait observer que ces malheureux ont « plus besoin de secours que de discours ; » mais le Président de la Société insiste, prétendant que son discours « a hâté le débarquement des blessés par l'envie que ceux-ci avaient de l'entendre ; » et ce n'est qu'après cette réception de la Société populaire que les pauvres agonisants purent obtenir les secours dont ils avaient un si pressant besoin.

La police, les jours de foire, était faite également par des membres de la Société populaire désignés à cet effet ; les marchés étaient sous la surveillance aussi de l'un d'eux ; les greniers d'approvisionnements, les fours et les boutiques des boulangers n'échappaient pas plus à leur contrôle incessant que le château et ses dépendances, que les maisons des émigrants. « La municipalité n'a encore ordonné aucun inventaire dans les maisons des nobles émigrés, écrivait le 19 juin 1792 la Société populaire de Fontainebleau aux Jacobins de Paris ; elle n'a fait faire aucune des visites commandées par la loi. Cette négligence ne doit pas étonner de la part d'une municipalité presque toute composée de gens tenant à la Cour et ayant pour chef le ci-devant comte de Montmorin. » Partout les membres des clubs jacobins exerçaient leur surveillance, et le citoyen Ravage pouvait dire avec raison : « C'est dans les sociétés populaires réunies que réside la souveraineté ;

chacun de nous est souverain sans pouvoir en exercer les actes ; nous en déposons le droit pour le bonheur de tous dans les mains des législateurs que nous choisissons ; c'est donc de nous qu'ils tiennent leur force qui est la nôtre ; nous sommes les colonnes de l'édifice de notre liberté !... »

C'est en proclamant de tels principes et en propageant de semblables doctrines, que les Jacobins de province parvinrent peu à peu à occuper les places de toutes les administrations locales, et comme avant tout il était de leur essence de décrier tous ceux qui administraient autour d'eux, ils en arrivèrent à proscrire et à dénoncer les créatures mêmes dont ils s'étaient tout d'abord constitués les protecteurs.

IV.

Du rôle des femmes, des enfants et des soldats dans les clubs jacobins.

Un des historiens de la Révolution de 1789, dédiant l'un de ses ouvrages aux femmes, aux filles et aux mères de famille, ne craint pas de leur dire dans sa préface : « Lisez l'histoire de nos mères de la Révolution, vous y trouverez une ligne de conduite toute tracée ; mettez-vous à leur niveau !... (1) » Si le malheur voulait que nos femmes et nos mères entendissent cet appel et consentissent à suivre ces conseils, ce serait intolérable, disons plus, ce serait odieux et dangereux même pour la morale publique. L'on en jugera bientôt par la conduite de quelques citoyennes de Fontainebleau dont nous allons constater les agissements dans la Société populaire de cette ville.

S'il nous répugne d'assister à des actes de vandalisme, d'écouter des allocutions immorales, d'être les spectateurs de scènes scandaleu-

----

(1) Voir la préface des *Femmes de la Révolution*, par J. Michelet.

ses, lorsque ce sont des hommes qui jouent dans ces scènes les principaux rôles, l'indignation remplit notre cœur lorsque ces actes ignobles s'accomplissent en présence ou par l'intermédiaire de ces êtres que nous aimerions toujours à contempler dans leur douce et sainte pureté, par l'intermédiaire des femmes et des enfants. Et pourtant, au milieu de ces orgies révolutionnaires de tous les temps, les femmes semblent ne pas vouloir déserter la cause envenimée que les hommes défendent avec une si coupable ardeur et pour laquelle ils combattent et meurent. Loin d'accuser de la répugnance pour ces luttes horribles dans lesquelles tout un peuple râle et agonise, les femmes paraissent encore prendre un certain plaisir à ces débauches épouvantables, et s'offrent même volontiers en exemple pour ranimer et soutenir le fiévreux élan et la colère farouche de leurs pères, de leurs frères, de leurs maris ou de leurs enfants.

Dans une petite ville de province, comme celle de Fontainebleau par exemple, où les passions révolutionnaires conservèrent en 1793 une certaine mesure et furent relativement modérées, nous ne rencontrerons pas plus de figures sympathiques, comme les Charlotte Corday ou les Roland, que des excentriques comme les Olympe de Gouges ou les Théroigne de Méricourt, mais nous allons nous heurter à une série de petites citoyennes bourgeoises, comme les Crafton, les Marcelin ou les Thomasse, qui, sans cesse dans les tribunes publiques de la salle des Jacobins, ne tardent pas à prendre la parole dans les assemblées populaires et à se mettre à la tête de toutes les manifestations révolutionnaires.

Les femmes et les enfants ne pouvaient faire partie, à titre de membres actifs, d'une société populaire ; mais ceux-ci, comme celles-là, qui avaient d'ailleurs presque toujours leurs entrées libres dans les tribunes publiques, étaient parfois admis « aux honneurs de la séance » en raison de leur ardent patriotisme, recevaient l'accolade fraternelle du président, et pouvaient dès lors participer dans une certaine limite aux travaux de la Société. Toutefois le rôle des femmes dans les réunions jacobines se bornait le plus souvent à y chanter soit des chansons patriotiques, soit des chansons « dont la gaieté (?) formait la base. » C'était surtout lorsque le tumulte s'accentuait dans les réunions de la Société populaire, que le président appelait à son aide les femmes « qui justifiaient l'attente des membres de la Société par cette grâce et cette candeur qui sont le plus bel ornement de leur sexe, » et les invitait à chanter les couplets d'un hymne à la Liberté, dont le refrain était aussitôt répété en chœur.

Mais à côté de ces chants, toujours applaudis et souvent réclamés, auxquels les femmes de 1792 sembleraient au premier abord spécialement destinées, c'est à la tribune, prononçant des discours, qu'il nous faut maintenant les voir. L'on connaît suffisamment le thème de toutes ces déclamations dont la conclusion était. invariablement: Guerre à mort aux prêtres, aux nobles et aux tyrans ! Ce furent là les doctrines horribles et sanguinaires que des femmes ne craignirent pas de proclamer. Lorsque ces dé clamateurs en jupons, ces orateurs « femelles, » comme elles s'appelaient elles-mêmes, avaient, dans leurs piteuses harangues, « confondu leurs accents patriotiques, comme elles désiraient confondre, dans tous les temps, leurs sentiments avec les vrais patriotes, » des applaudissements frénétiques accueillaient leurs paroles. Et après quelques mots de remercîments et d'encouragements adressés par le président du club, « sans que la proposition eût besoin d'être mise aux voix, » nous confesse ingénûment l'un des témoins de ces scènes journalières, l'assemblée se levait en masse, et hommes, femmes, filles donnaient et recevaient, au milieu d'un tumulte épouvantable et à la pâle lueur de quelques chandelles fumantes, des baisers de bonne confraternité..

Non seulement les femmes prononçaient des harangues dans les clubs jacobins de province, mais elles rédigeaient aussi des adresses à la Convention nationale (1) à tout propos et sur n'importe quel sujet. Et pourtant les plus ardents révolutionnaires, s'ils toléraient cette ingérence des femmes dans les travaux politiques, étaient loin d'exciter le zèle. des citoyennes-oratrices et préféraient de beaucoup les voir remplir d'autres fonctions. « Cultivez en paix et dans le silence vos vertus de tous les jours, disait aux femmes l'auteur des *Révolutions de Paris*, (2) apprenez les *Droits de l'homme* à l'enfant qui bégaye, et par votre babil aimable, initiez-le de bonne heure à la tribune nationale..... paraissez au milieu de nos fêtes, dans tout l'éclat de vos charmes et de vos vertus;..... que si vos époux, vos pères ou vos frères ont tenu une conduite équivoque, pour peu que leur civisme soit douteux, repoussez-les;..... si vous apprenez que les conspirateurs

---

(1) Voir aux archives, déjà citées, l'adresse de la citoyenne Lesueur.
(2) Révolution de Paris, de Prudhomme, n° 83.

tendent des piéges à la liberté, accourez ! jetez les serpents du remords dans l'âme des tièdes; armées de torches incendiaires, présentez-vous aux portes du palais de vos tyrans, et demandez réparation; s'ils vous la refusent entière, éclatante, *portez la flamme* dans le repaire des conspirateurs; que la douceur de la colombe cède en vous la place aux rugissements de la lionne privée de sa progéniture !... »

Ainsi, la mission des femmes se trouve bien clairement définie, dans ces années de révolutions terribles dont nous essayons de décrire quelques épisodes, la citoyenne jacobine pourra se mêler de politique, prononcer des discours à la tribune, rédiger des adresses dans les comités, mais elle devra principalement s'attacher à apprendre à ses enfants le catéchisme révolutionnaire, exciter les citoyens à la révolte, soutenir leur farouche courage, et porter partout des torches incendiaires pour renverser les tyrans. L'on sait si cette mission imposée aux femmes de 1793 a été bien remplie, et l'on n'oubliera pas que les *pétroleuses* de 1871 se sont scrupuleusement renfermées dans les limites de ce cruel programme.

Des enfants élevés par de telles femmes, imbus de si fâcheux principes, ayant sous les yeux de

4*

si funestes exemples, ne pouvaient manquer, eux aussi, d'avoir leur petit rôle dans les clubs révolutionnaires; l'on peut dire que beaucoup d'entre eux furent les fantoches de la Révolution. C'est dans un procès-verbal d'une séance, tenue par les Jacobins de Fontainebleau le premier brumaire an II, que nous allons en trouver un exemple bien frappant. Nous y lisons en effet cette mention qui peut se passer de tout commentaire : « ... Le neveu de Lecomte, *âgé de cinq ans*, a prononcé un *discours (?)*, dans lequel il annonçait à la Société qu'il profitait des leçons qu'il y recevait; il s'y félicitait d'un baiser fraternel que lui avait donné le président, au nom de la Société; il terminait par se plaindre de la faiblesse de son âge qui ne lui permettait pas de *rosser* les aristocrates, comme il le désirait. » Et les paroles de ce pauvre enfant étaient applaudies, et des encouragements lui étaient adressés par toute une assemblée de gens qui ne craignaient pas de flétrir ainsi sa jeune imagination, en lui enseignant ce qu'ils appelaient les *principes de la morale républicaine!...*

Qu'un père, comme le citoyen Lecomte, consente à pervertir et à troubler ainsi la jeune âme de son enfant, c'est déjà monstrueux, mais qu'un instituteur (un instituteur laïque sans aucun doute), assume sur lui la responsabilité de préparer les enfants, dont l'éducation lui a été confiée, à s'assimiler de pareilles doctrines, c'est encore plus horrible. Et pourtant, le 15 frimaire an II, c'est sous la conduite du citoyen Lacorrège, maître de pension, que pénètrent, dans l'assemblée des Jacobins de Fontainebleau, quelques bambins, les yeux tout grand ouverts de surprise ou de crainte. L'un d'eux, le plus grand sans doute, le plus intelligent peut-être aussi, monte à la tribune sous les regards du président du club qui l'y invite, et prenant dans ses petites mains toutes tremblotantes un petit chiffon de papier, il lit, avec ces inflexions si douces d'une voix enfantine, ces quelques paroles que sa plume inhabile, et certainement conduite par la main exercée de l'instituteur, a eu peine à tracer : « Citoyen-Président, les élèves de la pension du citoyen Lacorrège, voulant participer à l'équipement du cavalier que la Société populaire se propose de fournir, m'ont député vers toi pour déposer sur le bureau un assignat de cent sols, fruit de leurs épargnes. Ils t'annoncent aussi qu'au lieu de fêter la Saint-Nicolas, ils fêtent celle de la Raison. Vive la République ! » (1)

---

(1) Cette pièce est ainsi conservée dans les archives municipales de Fontainebleau.

Pour flatter l'amour-propre naissant de ces jeunes citoyens et exciter les pères de famille à enseigner à leurs enfants ces doctrines révolutionnaires et immorales, des récompenses étaient publiquement accordées ; les pères recevaient des mentions civiques et le nom des enfants était inscrit sur une sorte de tableau d'honneur. Un représentant en mission, le citoyen Maure, l'aîné, faisait remarquer que c'était là un excellent moyen de rendre plus nombreux les enfants dans les clubs et que dans la plupart des sociétés populaires il avait vu ce système d'encouragements publics fonctionner avec succès.

Grande était à l'époque de la première révolution française la corruption de l'armée (1), à la tête de laquelle se trouvaient beaucoup de représentants de la noblesse ; et si les officiers supérieurs conservaient intacts leurs sentiments monarchiques, les sous-officiers de toutes armes et la masse générale de l'armée se montraient d'ardents républicains et pactisaient volontiers avec les Jacobins. A Fontainebleau, à Melun, à Nemours et dans la plupart des villes de Seine-et-Marne qui avaient une garnison, les chasseurs du Hainaut ou les cavaliers du

---

(1) On peut consulter à ce sujet les *Mémoires de Vaublanc*, t. 1. (1833).

18° régiment de Berry n'hésitaient pas à se faire recevoir membres des sociétés populaires et participaient à leurs travaux. Plusieurs d'entre eux, les Saint-Martin, les Darteil, figurent au nombre des plus ardents et leurs noms se rencontrent souvent répétés dans les procès-verbaux de la société dont nous parlons.

Il est une pièce assez curieuse, un discours prononcé par l'adjudant Darteil, au nom des sous-officiers du régiment des chasseurs du Hainaut, que nous ne pouvons passer sous silence et que nous allons reproduire pour justifier nos assertions en ce qui touche la conduite et l'esprit de l'armée à la fin du siècle dernier.

Le 29 juin 1791 se présentaient à la Société populaire de Fontainebleau un grand nombre de sous-officiers et soldats du régiment des chasseurs du Hainaut, et la parole était donnée à l'adjudant Darteil qui s'exprima en ces termes : « Messieurs, pénétrés de la plus douce reconnaissance, avec un sentiment bien vif d'une émotion bien légitime, nous doublerons nos efforts pour répondre dans tous les temps aux témoignages que vous nous donnez de votre confiance, en nous admettant au sein de cette assemblée. Comme vous, fidèles à la loi, nous appuierons nos principes sur ces braves soldats devenus citoyens. Nous reconnaissons maintenant la dignité de l'homme ; notre âme s'est élevée aux précieux rayons de la Liberté ; et, pleins de son noble enthousiasme, nos cœurs ont offert avec ivresse l'encens qu'on doit à ses autels. Nous punissent à jamais la nature et le ciel, si nous venons à enfreindre le serment auguste et sacré de vivre à jamais libres, ou de mourir pour la patrie. Tels sont, messieurs, les sentiments que nous apportons parmi vous et tels sont les vôtres. C'est de leur harmonie que doit découler le bonheur. Ajoutons la constance au plus mâle courage, et bientôt nos ennemis apprendront à l'univers entier que nous avons vaincu l'orgueilleux despotisme. Nos droits étaient sacrés, le temps les fit valoir et la raison enfin n'obéit plus qu'aux lois. »

Cette allocution fut couverte d'applaudissements, l'impression en fut votée et aussitôt une adresse fut rédigée par les membres de la Société populaire pour demander au Ministre de la guerre le maintien à Fontainebleau des « braves » chasseurs du Hainaut. Malgré cette requête, les chasseurs partirent au mois de décembre 1791, mais les cavaliers du 18e régiment de Berry, qui vinrent les remplacer, ne tardèrent pas (28 décembre) à se faire admettre de la Société des Amis de la constitution qui avait si bien accueilli leurs frères d'armes.

V.

Fêtes patriotiques et religieuses.

Les fêtes politiques ou religieuses se rencontrent chez tous les peuples de la terre et à toutes les époques de leur histoire ; dans l'ancienne monarchie française l'on chômait en France quatre-vingt-deux fêtes par an. La Révolution de 1789 n'en restreignit guère le nombre ; et, sans compter les trente-sept fêtes de l'Etre suprême, décrétées par la Convention nationale, les fêtes de la Liberté, de la Fraternité, de la Raison, de la Victoire, ainsi que toutes celles qui accompagnaient, précédaient ou suivaient l'inauguration du buste de Marat, l'érection de la statue de Peletier de Saint-Fargeau, ou bien encore la plantation des arbres de la Liberté, se multiplièrent à l'infini. Nous allons assister à quelques-unes de ces fêtes patriotiques ou religieuses, célébrées à Fontainebleau et patronées par la Société populaire de cette ville. Le programme de toutes ces fêtes ne varie guère ; dans toutes l'on rencontre les mêmes chants, les mêmes discours, le même désordre, la même impiété, le même cynisme, parfois la même immoralité.

A peine la mort de Marat, ce monstre de la Révolution, fut-elle connue de la France, que les clubs jacobins de province s'empressèrent de faire l'oraison funèbre de celui qu'ils appelaient l'*Ami du peuple*, et de célébrer des fêtes pompeuses pour honorer sa mémoire. Les sansculottes de Fontainebleau ne manquèrent pas à l'accomplissement de ce pieux devoir, et dès les premiers jours d'octobre 1793, les citoyennes de la ville, auxquelles s'était jointe une députation des bonnes patriotes de Melun, s'occupèrent de préparer la fête qui devait accompagner, le 11 octobre 1793, l'inauguration du buste de Marat.

A quatre heures du soir, le vingtième jour du premier mois de l'an II de la République une et indivisible (13 octobre 1793), les Jacobins de Fontainebleau sont en séance ; la lecture de quelques journaux patriotiques ou révolutionnaires est seule à l'ordre du jour, car tous les esprits sont agités et chacun ne songe qu'à inaugurer le buste de Marat, qu'à planter l'arbre de la Liberté. Bientôt on annonce l'arrivée d'un grand nombre de citoyennes de la ville et des environs ; elles sont introduites dans la salle des séances du club jacobin et sont admises aux honneurs de la séance. « Citoyen-Président, dit l'une de ces femmes, nous venons chercher la Société populaire pour assister à la double fête que nous allons célébrer aujourd'hui. Le patriotisme qui nous anime sera fortifié par *ses* leçons et *ses* exemples ; il ne doit plus y avoir de bonne fête quand les amis de la Liberté et de l'Egalité n'en sont pas. » A cette courte allocution le président répond : Que l'assemblée est sensible aux marques d'estime et de fraternité que les citoyennes viennent de lui donner, mais que dans la fête qui va se célébrer, « le cœur doit être le seul maître des cérémonies. » Aussitôt la séance est levée, chaque membre de la Société populaire donne le bras à deux citoyennes, et tous vont se placer dans le cortége, suivant, l'ordre qui avait été précédemment indiqué.

Un groupe d'enfants ouvrait la marche ; c'étaient les écoliers des écoles gratuites et les élèves des autres pensionnats, accompagnés de leurs maîtres. L'un d'eux porte une bannière sur laquelle se lit cette inscription : « *Nous jouirons un jour du fruit de nos travaux.* » C'est la bannière de l'EDUCATION. Derrière ce groupe de la jeunesse suivaient les membres de la Société populaire de Fontainebleau, parmi lesquels se faisaient remarquer quelques membres de la Société de Nemours venus tout exprès pour la fête. Après eux des citoyens s'avancent, porteurs du buste de Marat, et quelques pas plus loin, une bannière de forme carrée flotte dans les airs ; elle porte cette inscription : « *Son image est ici, son temple est dans nos cœurs.* » Les membres du Conseil de la commune suivent, ainsi que les membres du Comité de surveillance, le buste de Marat. Chaque citoyen de ces deux administrations donne également le bras à deux citoyennes.

Voici venir maintenant la LIBERTÉ, représentée par une femme, vêtue à la romaine et portée sur un large plateau, par quatre citoyens. A ses pieds, un enfant accroupi soutient le livre de la Loi. De nombreuses citoyennes entourent ce groupe allégorique, et l'une d'elles porte une bannière sur laquelle on peut lire : « *Ennemi des tyrans, il mourut leur victime.* » Enfin, derrière la Liberté et fermant le cortége, suivent les musiciens qui jouent les airs les plus variés et qui offrent, dit le narrateur auquel nous empruntons ces détails, « cet emblême charmant que la municipalité, en bonne mère de famille, sait toujours égayer ses leçons et rendre aimable l'exécution même de la loi. » Une brigade de canonniers, avec une compagnie du premier bataillon de la garde nationale, ouvraient le cortége ; la seconde brigade des canonniers et une compagnie du second bataillon de la garde nationale formaient escorte et fermaient la marche.

Le rire était, paraît-il, sur tous les visages, la gaieté la plus franche régnait dans tous les cœurs. De la place d'armes, lieu du rendez-vous, le cortége traverse la grande rue de la ville et parvient ainsi à la place de la Montagne. C'est là que se dressait un énorme bûcher, composé de tous les portraits des rois, des reines et de leurs parents, qui, peints par les plus grands maîtres, tapissaient et ornaient encore il n'y a qu'un instant les splendides galeries du palais de Fontainebleau. Tous ces chefs-d'œuvre n'étaient pour ces révolutionnaires, amis de Marat, que de « ridicules copies de courtisans et de tyrans; » et c'était la destruction de ces « images, » qui semblait devoir être le plus grand attrait de cette fête toute républicaine. C'est dans cet auto-da-fé que fut brûlé le fameux portrait de Louis XIII, œuvre de Philippe de Champaigne, ainsi qu'une grande quantité de toiles des plus remarquables, dues au pinceau des Léonard de Vinci ou des Rosso, ou des Nicolas del Abarie. Des monceaux de ruines semblent être toujours le régal de prédilection des révolutionnaires de tous les temps.

A quelques pas de ce bûcher s'élevait le buste de Marat. Il était supporté par une co-

lonné en marbre, provenant de la croix de Toulouse, élevée en 1726 dans la forêt de Fontainebleau, et qui n'était autre qu'un débris de la
Belle-Cheminée, l'œuvre de Jaquet de Gre-
noble, qui décorait, avant 1726, la salle de la
Comédie. Tout cet édifice avait été élevé et ap-
proprié pour la circonstance par Saulgeot, l'architecte du département de Seine-et-Marne à
cette époque, et les inscriptions abondaient sur
chaque face de la colonne. *Aux mânes de
Marat !* lisait-on d'un côté, tandis que de l'autre s'étalaient les distiques ou les quatrains
suivants :

« Fuyez, tyrans, il respire en ces lieux !
« Les Français vengeront son sang versé par eux.

« Son nom doit être inscrit au temple de la gloire;
« Il servira d'exemple, un jour, à nos enfants ;
« Il fut l'ami du peuple et l'effroi des tyrans,
« La loi vengera sa mort, honorons sa mémoire !

« Par vos lâches complots il a perdu la vie,
« Tremblez ! il nous légua toute son énergie.

La population tumultueuse qui encombrait la
place de la Montagne était en délire; en présence d'un tel spectacle, son enthousiasme était
énorme; l'hymne chéri de la *Marseillaise* re-
tentissait de toutes parts, et n'était interrompu
que par les cris mille fois répétés de : Vive la
République ! Vivent les sans-culottes ! Honneur
à Marat ! Honneur à l'ami du peuple ! Chacun

se prosternait devant le buste du héros de la fête, tous adoraient cette nouvelle idole. A ce délire patriotique succède bientôt, pour un instant, le plus profond silence ; c'est le maire de la commune qui parait à la tribune, et qui fait le récit « des plus belles actions de Marat, mort pour avoir toujours défendu et soutenu les droits du peuple. » Ce discours se terminait par une invitation patriotique aux citoyens et aux citoyennes, à marcher sur les traces de « ce vertueux républicain, assassiné comme Cicéron pour avoir dénoncé plus d'un Catilina. »

Le signal des discours une fois donné, des citoyens se précipitent « en foule » à la tribune. Le Procureur de la commune, le Président de la Société populaire, Camus, commissaire du Comité de salut public, Castel, de la Société populaire de Nemours (1), Métier, président de l'administration du département, et plusieurs autres parviennent successivement à prononcer des oraisons funèbres, des discours et des panégyriques en l'honneur de Marat ; et, pour terminer la série inépuisable de toutes ces harangues, une citoyenne, s'étant fait faire une petite place à la

---

(1) C'est sans doute le citoyen Castel qui, plus tard, composa un poème sur la Forêt de Fontainebleau. Paris, 1805, vol. in-12.

tribune, invita les mères de famille « à grouper souvent leurs enfants autour de l'arbre de la Liberté et du buste de Marat ; et là, d'enflammer leur jeune courage, de leur expliquer et de leur faire sentir l'allégorie de l'arbre de la Liberté ombrageant la statue de son plus sincère ami, et qui semble annoncer que la liberté doit toujours protéger et venger ses défenseurs. »

Après tous ces discours, à la suite de cette dernière allocution qui avait enflammé tous les cœurs, c'est à la citoyenne Marcelin, présidente de la députation des citoyennes de Melun, que revint le triste honneur de mettre le feu au bûcher, composé de tous les portraits et de tous les chefs-d'œuvre de peinture dont nous avons parlé. En un instant tout est consumé, les compositions qui avaient coûté tant de veilles à leurs auteurs, qui avaient arrêté tant de génies, n'étaient plus que cendres et poussière ; « Mânes de Marat ! vous dûtes être satisfaites de ce sacrifice ! un vent frais semblait en conduire la fumée vers vous, comme l'encens le plus agréable qu'on pût vous offrir. » Tous les groupes sont à ce moment confondus ; un « agréable » désordre règne de toutes parts, et quelques nouveaux chants, quelques nouvelles acclamations, allant peu à peu en diminuant, viennent terminer cette fête publique, empreinte d'une exaltation démagogique à laquelle on aurait peine à croire aujourd'hui, si nous n'avions le souvenir encore tout récent des manifestations révolutionnaires des partisans de la Commune de Paris.

Au nom de Marat était presque toujours associé, dans ces fêtes de la révolution, le nom de Le Peletier de Saint-Fargeau (1). Ce héros de la démocratie jacobine avait partout en France ses fanatiques, et à Fontainebleau, une fête dans le genre de celle que nous venons de rapporter à l'occasion de Marat, fut organisée pour célébrer l'inauguration d'un monument élevé en son honneur. Le Peletier fut à Nemours l'objet d'un culte non moins grand, et dans la pre-

______

(1) Michel Le Peletier, ancien président à mortier au Parlement de Paris, député de la noblesse aux Etats Généraux de 1789, avait été nommé député en 1792, à la Convention nationale, par le département de l'Yonne, dans lequel il possédait de grands biens. Défenseur ardent des idées démocratiques, il avait puissamment contribué, par une brochure des plus violentes, à faire rejeter la demande d'appel au peuple, formulée par un grand nombre de conventionnels, à l'occasion du procès de Louis XVI. C'est ce dernier acte qui poussa le citoyen Pâris à l'assassiner le 20 janvier 1793, avant même que le roi fut exécuté.

mièré quinzaine de février 1793, un service funèbre fut célébré en sa mémoire. L'urne funéraire « de ce martyr de la Liberté, » nous dit un des témoins de cette fête, portait l'inscription suivante : « Michel Peletier, représentant du peuple, mort pour avoir voté courageusement la mort du tyran des Français, a été assassiné par le royaliste Pâris. La nation le vengera ! » (1).

Bien différente avait été à Nemours, une année auparavant, le 28 mars 1792, la fête religieuse ou plutôt le service religieux, célébré dans l'église paroissiale de la ville, « en l'honneur d'un autre martyr de la Liberté » en l'honneur du citoyen Simoneau, maire d'Etampes, qui « avait préféré la mort à la violation de la loi. » Un décret de la Convention ordonnait la libre circulation des grains dans l'intérieur du royaume ; un jour les habitants d'Etampes voulurent entraver l'application de cette loi. Simoneau appelle alors à son aide la force armée, la lutte s'engage, et le maire d'Etampes tombe bientôt percé par les balles de vingt-deux coups de fu-

---

(1) Lettre du citoyen Defiel aux Jacobins de Paris, du 12 février 1793.

sils. C'est le mathématicien Bezout, originaire de Nemours, qui prononça l'oraison funèbre de Simoneau, et il accomplit ce devoir avec une respectable émotion (1). Ce service religieux, célébré en l'honneur du maire d'Etampes, était bien loin de faire pressentir les excentricités révolutionnaires qui devaient se produire aux fêtes organisées en l'honneur des Marat et des Le Peletier de Saint-Fargeau : c'est ce qui nous a semblé intéressant de relever.

Une fête populaire eut également lieu en l'honneur des Suisses de Châteauvieux, de ces quarante condamnés aux bagnes qui avaient pris part à l'insurrection militaire de Nancy.

Les habitants de Fontainebleau se réjouissaient en chantant la gloire

> De ces héros que jadis sur un banc de galères
> Assit un arrêt outrageant,
> Et qui n'ont égorgé que très-peu de nos frères
> Et volé que très-peu d'argent.

Les plantations d'arbres de la Liberté don-

---

(1) Procès-verbal du Conseil municipal de Nemours du 24 mars 1792, et discours de Bezout, imprimé à Montargis, chez Lequatre, 1792.

5*

naient aussi lieu bien souvent à des fêtes populaires, et ces fêtes se terminaient toujours
par d'interminables farandoles qui étaient dan-
sées par tous les citoyens sur l'air du *Ça ira* ou
de la *Carmagnole*. Un de ces arbres sans racines, qui devenaient toutefois des sortes de
monuments publics dont des lois protégèrent la
conservation, fut planté à Fontainebleau, sur la
place d'Armes, le 9 juin 1793, par les soins des
membres de la Société populaire, et en face de
la salle des séances de ce club jacobin. Ce fut,
comme bien l'on pense, l'occasion d'une fête
brillante et animée, qui s'accomplit au milieu
d'une foule considérable de citoyens, en présence des notables de la ville et des chasseurs
du 14e régiment, « aux sons harmonieux d'une
musique guerrière, et aux élans de la joie républicaine. » Parmi les discours prononcés à cette
occasion, nous ne pouvons oublier de mention-
ner celui du représentant du peuple Chateau-
neuf-Randon, ancien capitaine dans les dra-
gons du comte d'Artois, et que ses discours à la
Convention pour la défense de Marat avaient
rendu populaire parmi les Jacobins. Le discours
de ce député, de passage en ce moment à Fontainebleau, fut tellement bien accueilli qu'il
lui valut une couronne civique, remise, séance
tenante, par le président de la Société populaire,

aux applaudissements frénétiques et unanimes de la foule. (1)

Après avoir renversé le trône et fait tomber la tête du roi, les Jacobins de 1793 s'attaquèrent à Dieu lui-même ; à la liberté des cultes succéda le matérialisme le plus intolérant, et le culte catholique dut céder la place à ce qui fut appelé le culte de la Raison, puis, quelques mois après, le culte de l'Etre suprême.

Ce fut dans les premiers jours de novembre 1793 (16 et 17 brumaire an II) que fut inaugurée la religion nouvelle par suite de l'abjuration solennelle du culte catholique prononcée par Gobet, l'évêque constitutionnel de Paris, à la barre de la Convention nationale, et le 20 brumaire l'église Notre-Dame de Paris était le théâtre de la plus dégoutante apothéose que

---

(1) Dans une lettre adressée par la Société populaire de Fontainebleau aux Jacobins de Paris, le 7 novembre 1792, nous lisons : « Nous avons eu un bataillon des volontaires de la Dordogne qui est resté environ quinze jours dans nos murs. Ils ont planté l'arbre de la Liberté dans une des cours du château dont ils occupaient l'aile neuve. La municipalité et la garde nationale ont assisté à cette cérémonie ; l'on a dansé la *Farandole* autour de l'arbre et l'Hymne des Marseillais a été répété au son des instruments ; jamais il ne s'était donné une aussi belle fête dans aucun palais de nos ci-devant tyrans. »

l'on puisse rêver, apothéose dans laquelle figurait une belle prostituée, sous les traits de la déesse Raison, et devant laquelle chaque fidèle de ce nouveau culte ne craignait pas de se prosterner.

Dès lors les lettres, dans lesquelles les prêtres apostats de tous les points de la France déclarent avoir été des charlatans et des imposteurs, parviennent en grand nombre aux représentants du peuple, membres de la Convention nationale ; et, pour ne citer qu'une de ces lettres, prenons celle du curé de Boissise-la-Bertrand (Seine-et-Marne) ; elle est ainsi conçue :

« Citoyens représentants, je suis prêtre, je suis
« curé, c'est-à-dire charlatan. Jusqu'ici, charlatan
« de bonne foi, je n'ai trompé que parce que moi-
« même j'avais été trompé ; maintenant que je suis
« décrassé, je vous avoue que je ne voudrais pas
« être charlatan de mauvaise foi. Cependant la mi-
« sère pourrait m'y contraindre, car je n'ai absolu-
« ment que les douze cents livres de ma cure pour
« vivre ; d'ailleurs, je ne sais guère que ce qu'on
« m'a forcé d'apprendre : des *Oremus*.

« Je vous fais donc cette lettre pour vous prier
« d'assurer une pension suffisante aux évêques, cu-
« rés et vicaires sans fortune et sans moyens de
« subsister, et cependant assez honnêtes pour ne
« vouloir plus tromper le peuple, auquel il est
« temps enfin d'apprendre qu'il n'y a de religion
« vraie que la religion naturelle, et que tous ces

« rèves, toutes ces momeries, toutes ces pratiques
« qu'on décore du nom de religion, ne sont que
« des contes de la *Barbe-Bleue.*

. « Plus de prêtres ! — Nous y parviendrons avec
« le temps ; pour le hâter il me semble qu'il serait
« bon d'assurer le nécessaire à ceux qui veulent
« rendre justice à la vérité et qui sont disposés à
« descendre d'un rang auquel l'ignorance, l'erreur
« et la superstition ont pu seules les faire monter.

« Plus de prêtres ! — Cela ne veut pas dire :
« Plus de religion ; sois juste, sois bienfaisant,
« aime tes semblables et tu as de la religion, parce
« que ayant toutes les vertus qui peuvent te rendre
« heureux, en te rendant utile à tes frères, tu as
« tout ce qu'il faut pour plaire à la Divinité.

« Si je pouvais ne prêcher que cette morale, à la
« bonne heure ! Mais mes paroissiens veulent que
« je leur parle de neuvaines, de sacrements, de
« cent mille dieux.... Ce n'est pas plus mon
« goût que le vôtre ; je vous prie donc de me
« permettre de me retirer en m'assurant une pen-
« sion.   « Signé : PARENT,

« *Curé de Boissise-la-Bertrand* (1). »

Il est impossible de montrer, mieux que le
curé Parent, un mélange plus parfait d'athéisme
et d'effronterie joint à une cupidité plus sordide.
Je consens à renier Dieu, dit-il, si vous m'ac-
cordez une pension pour prix de mon apostasie.
L'on ne saurait être plus lâche, et le marché

___

(1) Cette lettre est extraite des procès-verbaux des
séances de la Convention nationale.

proposé aux Hébert, aux Chaumette et aux Robespierre, auteurs du culte de la Raison et de l'Etre suprême, est bien digne vraiment de ceux qui pouvaient en accepter et qui en acceptèrent en réalité les termes honteux.

On peut lire partout le récit des fêtes de la Raison qui eurent lieu à Paris et en province dans la plupart des églises naguère consacrées aux cérémonies du culte catholique; partout des bustes de philosophes matérialistes remplacent les croix et les tableaux de piété; partout des torches portées par des jeunes filles vêtues de blanc simulent le *flambeau de la vérité;* nous ne voulons pas décrire ici les détails de la fête de la Raison, célébrée à Fontainebleau par les membres de la Société populaire, le 4 décembre 1793 (14 frimaire an II), nous nous contenterons de signaler et de reproduire l'*Hymne de la Raison*, composé par un Jacobin de la localité, et qui, pour la circonstance, avait pris le surnom de *Raisonnable*.

Cet hymne, que nous nous garderons bien d'ailleurs d'apprécier ou de critiquer, la forme en étant par trop grotesque, devait se chanter, nous apprend son auteur (1), sur l'air de la *Mar-*

---

(1) Lettre du citoyen Raisonnable au président de la Société populaire de Fontainebleau, en lui adressant sa pièce de vers. *(Archives municipales de Fontainebleau).*

seillaise et avec « le même caractère mâle et majestueux, quelquefois avec une sensibilité touchante, et toujours avec âme. » Il est bien peu probable, à en juger par la manière dont, de nos jours, la chanson de la *Marseillaise* se chante les jours d'émeutes, que les chanteurs de l'*Hymne à la Raison* aient scrupuleusement observé les indications de l'auteur ; mais peu nous importe aujourd'hui, voici la pièce dont il s'agit, sa lecture suffit bien pour nous indiquer le piteux effet qu'elle devait produire lorsqu'elle était chantée dans le Temple de la Raison :

> « De la raison qui nous éclaire,
> « Le plus beau jour est arrivé ;
> « D'un fanatisme héréditaire,
> « Le voile est enfin déchiré. *(Bis.)*
> « A des dieux incompréhensibles,
> « Mortels ! n'adressez plus vos vœux ;
> « Le prêtre, qui ne voit que par eux,
> « Se moquait de ses dieux risibles.
> « Au jour de la Raison, Français, vous renaissez !
> « Les rois, les rois ont disparu ; prêtres, disparaissez !

> « Pour adorer l'Etre suprême,
> « A-t-on besoin de vos leçons ;
> « Dans nos cœurs, il grave lui-même,
> « Les vertus que nous chérissons. *(Bis.)*
> « Voyez, comme dans nos spectacles,
> « Nous en applaudissons les traits !
> « C'est pour faire de vils sujets
> « Qu'il vous a fallu des miracles.
> « Au jour de la Raison, etc.

> « De la morale universelle
> « Peut-on méconnaître la voix ?

« Sois juste, sois bon, nous dit-elle,
« De ton pays aime les lois. *(Bis.)*
« Sois bon fils, bon époux, bon père,
« Surtout, sois un bon citoyen ;
« Après le trépas, ne crains rien,
« Si tu fis le bien sur la terre.
« **An** jour de la Raison, etc.

« L'enfer n'est donc plus qu'une fable,
« Il n'est donc plus de paradis,
« Plus de peines pour le coupable,
« La vertu n'a donc plus de prix ?... *(Bis.)*
« Peuple, c'est ainsi que t'abuse
« Le prêtre hypocrite et sournois,
« Croit-il de sa traîtresse voix
« Qu'on ne découvre pas la ruse ?
« Au jour de la Raison, etc.

« Lorsque le remords te déchire,
« Mortel ! l'enfer est dans ton cœur ;
« Quand la seule vertu t'inspire,
« Du ciel tu goûtes la douceur. *(Bis.)*
« L'échafaud est le prix du crime,
« Quel est celui de la vertu ?...
« Malheureux, le méconnais-tu,
« Reçois des gens de bien l'estime.
« Au jour de la Raison, etc.

« Raison ! ô doctrine brillante,
« Porte enfin partout ton flambeau,
« Fais tomber à ta voix puissante
« De l'erreur l'antique bandeau. *(Bis.)*
« Ne borne pas à ma patrie
« Tes inépuisables bienfaits ;
« Que tous les peuples désormais
« Ne soient qu'une famille unie.
« Au jour de la Raison, Français, vous renaissez !
« Les rois, les rois ont disparu ; prêtres, disparaissez !

L'abolition du culte catholique et l'inauguration du culte de la Raison furent le signal du pillage des églises et des plus odieuses profanations. L'église de Fontainebleau n'échappa pas plus que les églises des villes et villages voisins à ces spoliations ; chandeliers et reliquaires, croix et encensoirs, ornements d'autel et vêtements sacerdotaux furent bien vite enlevés et portés soit à l'administration du district ou du département, soit même directement à la Convention nationale. Avant d'aller porter, en offrande à la patrie, toute l'argenterie et les ornements d'église, au milieu d'un cortége de gens avinés, entonnant des chansons obscènes, les Jacobins se paraient de chapes et de chasubles et se livraient, ainsi vêtus, à des sortes de scènes carnavalesques. Un membre de la Société populaire de Fontainebleau avait même eu l'idée grotesque de faire figurer, dans une de ces scènes révoltantes d'impiété, un âne et un chat comme principaux personnages. L'âne, revêtu d'habits sacerdotaux, représentait, d'après ce que nous en rapporte ce ridicule Jacobin, notre saint père le Pape, et le chat était destiné à rappeler Pitt, le ministre d'Angleterre, un des adversaires étrangers le plus violent de ces orgies révolutionnaires.

A ces ravages, à ces pillages, n'échappèrent pas non plus trois des quatre belles cloches qui, bénites par Joseph Buisson, archevêque de Sens, le 26 octobre 1745, en présence du Roi et dé la Reine dont elles portaient les noms, ornaient le clocher de l'église paroissiale de Fontainebleau. Les cloches de la petite église d'Avon subirent le même sort, et transportées à Melun, en vertu d'un ordre émanant de l'administration départementale, elles servirent à faire des canons.

Le 17 brumaire, an II, sept objets du culte furent retirés de la chapelle du Mont-Pierreux et envoyés à Melun; douze pièces semblables provenant de la Charité eurent la même destination (1).

Une des conséquences de ce bouleversement religieux fut de reporter à nouveau l'attention des révolutionnaires sur les noms propres des personnes et des choses qui rappelaient, de près ou de loin, la féodalité, l'ancien régime ou des souvenirs religieux. C'est ainsi qu'à Fontainebleau l'hospice du Mont-Pierreux, fondé par Louis-XIV, le 10 janvier 1695, reçut la dénomination d'hospice de la Montagne, et que la Chambre de Travail, fondée le 6 novembre 1696 par Mme de Montespan, rue Royale, et connue aujourd'hui sous le nom d'hôpital de la Charité, fut qualifiée d'un autre nom pendant

---

(1) Archives de Melun (L. 213).

toute la période révolutionnaire. Les rues et les places de la ville changèrent également de noms et portèrent des appellations favorites aux Jacobins. La place aux Charbons devient ainsi la place de la Réunion ; celle de l'Etape-aux-Vins s'appelle place de la Montagne ; et, en vertu d'un arrêté municipal du 17 octobre 1793, les rues de Montmorin, de Bourbon, de Gesvres, d'Aiguillon, Royale, de Fleury, de Richelieu, du Gouvernement, devinrent dès lors les rues de l'Egalité, Jean-Jacques, de France, Saint-Honoré, de la Charité, de l'Union, Voltaire, de la Liberté. Un arrêté du Conseil général du département, du 13 décembre 1793, changea également le nom de la rue de la Charité en celui des Germains.

Les noms propres durent, par suite, se dépouiller des particules qui pouvaient les accompagner et du mot : *saint,* qui parfois les composait. Le citoyen Delonguestre est obligé de justifier, par la production de son acte de naissance, à l'une des séances du club jacobin, qu'il n'ajoute pas à son nom une syllabe aristocratique ; et, lorsque Monsieur Saint-Martin, un des fondateurs de la Société populaire, revient à Fontainebleau, après plusieurs mois d'absence, il est contraint de ne plus porter que le nom de *Martin* tout court. Les sans-culottes les plus ardents vont plus loin encore, et changent leurs prénoms de Jean, de Pierre ou de Nicolas, en ceux beaucoup plus républicains de Decius, de Mutius ou de Scevola. « Il est clair, disait l'un d'eux (1), que nous ne pouvons plus garder nos prénoms, qui sont pris dans la légende immorale et mensongère du Christ ! » Enfin, des surnoms significatifs viennent caractériser certaines personnalités ; le citoyen Jean-Louis-Laurent Bonnaire était né dans le haut de la montagne de Bourron, c'est pour lui un prétexte pour se faire décerner le surnom de : *La Montagne;* la citoyenne Capette obtint de s'appeler Boulay ; un autre jacobin, le citoyen Denise, se fait surnommer *Ravage,* et il est probable que le citoyen qui portait le nom de *Bataille,* et qui fut à plusieurs reprises président de la Société populaire, ne nous est ainsi connu que par son surnom, à l'aide duquel il conquit tant d'honneurs et tant de renommée dans le club jacobin.

Cette manie de vouloir tout changer, les noms, les hommes, les choses et les coutumes, certains Jacobins de Fontainebleau la possédaient à un si haut degré, que quelques jours avant d'inaugurer le culte de la Raison, le 15

____

(1) V. *Rev. de Paris,* n° 220.

frimaire an II, l'un d'eux proposait d'enlever à la ville de Fontainebleau le nom qu'elle portait depuis tant de siècles, sous prétexte que ce nom n'était pas assez noble puisque, « suivant certaines fables ou légendes, c'est du nom d'un chien que Fontainebleau tirait son étymologie. » L'on discuta assez longtemps sur cette question puérile ; l'auteur de la proposition voulait appeler la ville : *Fontaine-la-Montagne,* un autre membre de la Société populaire préférait l'appellation de : *Fontaine-le-Vallon,* puisque la ville est dans une vallée ; enfin la Société passa à l'ordre du jour, « attendu que dans cette question d'étymologie il n'y avait rien qui eût trait à la féodalité, » et la ville de Fontainebleau conserva sa dénomination d'origine.

Il ressort de la lecture des procès-verbaux de la Société populaire de Fontainebleau, que plusieurs fois, à cette époque (novembre et décembre 1793), des questions de costumes furent agitées dans le sein de cette Société. Les hommes devaient-ils porter la *carmagnole,* c'est-à-dire le pantalon et la veste ronde ? Se coifferait-on du bonnet phrygien ? Quelle serait la cocarde destinée à servir d'ornement aux bonnets des femmes ? Ce furent là des préoccupations bien enfantines, auxquelles ne dédaignèrent pas de se livrer les sans-culottes,

même les plus farouches, tellement il est vrai
que si, comme dit le proverbe, l'habit ne fait
pas le moine, il y contribue puissamment.

Le culte de la Raison ne fut pratiqué que
pendant cinq mois ; Robespierre, dans le but
de satisfaire ses projets de domination, le
transforma bientôt, et le culte de l'Être suprême
fut décrété le 18 floréal an II (8 mai 1794), par
la Convention nationale. La première cérémonie de ce nouveau culte eut lieu à Fontainebleau, comme dans presque toutes les autres
villes de France, le 20 prairial (8 juin 1794), et
la cérémonie dut se faire inévitablement d'après
le plan qu'en avait rédigé le peintre Pierre Da-
vid (d'Angers). Une seule particularité à noter
ici, c'est que pour cette fête les chœurs et les
musiques furent plus soignés qu'à l'ordinaire.
Le registre des séances de la Société populaire
nous apprend que, bien avant le jour de la fête
de l'Être suprême, les citoyennes qui avaient
« de l'inclination pour le chant et celles qui par
leurs organes pouvaient être utiles à la musique, » répétèrent à plusieurs reprises des hymnes patriotiques, sous la conduite d'un orga-
niste, le citoyen Taperay. Les musiciens devaient être aussi ce jour-là au grand complet,
et voici la liste des citoyens « sachant jouer des

instruments, » qui nous a été conservée dans les archives de la Société populaire :

« VIOLONS, les citoyens *Bouteux*, rue des « Buttes, — *Bulot* père et fils, — *Biétrix*, rue « de l'Egalité, — *Legrand* père et fils.

« CLARINETTE, *Petit*, coutelier.

« ORGANISTES, *Taperay*, rue de l'Abreuvoir, « *Passereau*.

« FIFRES, *Dujesne* et *Charpentier*.

« TAMBOURS, *Morice* et ses collègues. »

Les chants et la musique étaient de toutes les fêtes, et dans un extrait de l'arrêté du département concernant les fêtes décadaires, nous recueillons les indications suivantes : « Suivant l'article 18, les officiers devaient se rendre, à dix heures du matin, dans la salle désignée à cet effet ; à onze heures très-précises, les orgues devaient se faire entendre (art. 19), et les officiers municipaux, revêtus de leurs insignes, devaient se rendre aux places qui leur étaient réservées. Le président annonçait alors (art. 20) au peuple que, conformément à l'article 1er de la loi du 13 fructidor, il allait être donné lecture des lois et actes de l'autorité publique, adressés à l'administration municipale pendant la décade précédente. Cette lecture avait lieu tout aussitôt ; après quoi le président interrogeait les élèves sur les articles de la Constitution (art. 22). Suivant l'article 23, cet interrogatoire était suivi d'un chant, d'un hymne à l'Être suprême ou de l'exécution d'une symphonie, le tout avec accompagnement d'orgue. On passait ensuite à la lecture du bulletin décadaire (art. 24) ; à la lecture des actes de naissances, de décès et de reconnaissances d'enfants nés hors mariage, des actes de divorce et d'adoption (art. 26), le tout entremêlé de musique, de chants et d'orgue (art. 25). Après l'accomplissement de toutes ces formalités, le président annonçait qu'il allait être procédé à la célébration des mariages (art. 33) ; l'orgue préludait à cette cérémonie (art. 34) et le secrétaire interpellait les futurs par ordre alphabétique (art. 35). Les mariages devaient se faire de suite « avec calme et sans être interrompus par la musique. » Lorsqu'ils étaient tous terminés, le président exhortait les époux à vivre dans la concorde et l'union (art. 36). La fête décadaire se terminait enfin par l'exécution d'une symphonie avec accompagnement d'orgue (1).

---

(1) Manuscrits de la Bibliothèque nationale. Collection Labedoyère, n° 308. Acquisition 46194.

VI.

En dehors des faits et gestes que nous venons de signaler et qui sont plus spécialement relatifs à l'organisation et au fonctionnement d'un club populaire de province pendant la Révolution de 1793, les Jacobins de Fontainebleau, dont nous avons essayé d'esquisser simplement l'histoire, ne nous offrent plus guère d'intérêt (1). Que nous les surprenions à la tribune, que nous parcourions leurs écrits, qu'ils s'occupent de rassembler des dons patriotiques, d'exciter le courage des volontaires nationaux, de piller les églises et les châteaux, ou bien encore de chanter la gloire de Marat, d'entonner des hymnes à la Raison et de danser la carmagnole autour des arbres de Liberté, ils nous apparaissent toujours les mêmes, c'est-à-dire des verbiageurs insipides, des charlatans grotesques, animés d'un esprit de haine et de vengeance, impuissants à produire le bien, sans cesse prêts à enfanter le mal et à répandre autour d'eux la ruine et la misère. Nous n'avons plus maintenant qu'à rechercher quelle a été la fin de cette Société populaire de province qui

---

(1) Nous publierons prochainement, en un petit volume in-12, l'histoire du *Comité révolutionnaire* qui fonctionna sous la Terreur dans cette même ville de Fontainebleau ; le chapitre intitulé : *Le Château de Fontainebleau, prison d'État*, nous semble appelé à fixer l'attention de ceux qui cherchent à composer la liste complète des victimes de la Révolution de 1793.

vient de retenir un instant notre attention.

Comment finit cette Société populaire, fondée à Fontainebleau au mois de mai 1792, nous ne saurions le préciser ; le procès-verbal des dernières séances de notre club jacobin nous fait défaut. Toutefois quelques procès-verbaux, portant la date de pluviôse an III, ont été placés sous nos yeux et semblent être les derniers qui aient été régulièrement rédigés ; mais, en l'absence de toute constatation officielle de la dissolution du club jacobin de Fontainebleau, nul doute que celui-ci se soit dissous de lui-même, le jour où le représentant du peuple Guillemardet, en mission dans Seine-et-Marne après thermidor, est venu déclarer dans sa proclamation du mois de mars 1795, que son intention était « de fonder l'empire de la justice sur les débris d'une nouvelle tyrannie. » En entendant le langage de l'homme qui annonçait qu'il était prêt « à soutenir contre tous les orages l'homme probe, ami de l'ordre et de la paix, le père de famille vertueux, celui qui aime son pays, » les Jacobins de Fontainebleau durent comprendre que les heures de règne, de splendeurs lugubres et de pouvoir tyrannique avaient enfin sonné, et que leur place n'était plus au soleil, mais dans l'ombre et dans l'oubli.

A ce moment, en effet, la Société populaire de Fontainebleau se mourait d'elle-même ; au mois de décembre 1794, le président de la Société, le citoyen Quévanne, se plaint à plusieurs reprises, dans son langage incorrect, « de l'insouciance qu'on a pour assister aux séances, du peu de zèle qu'on montre à s'instruire et à instruire les assistants des tribunes. » Quelques jours plus tard, il est impossible de trouver dans la Société quatorze personnes qui consentent à surveiller la distribution du pain chez les boulangers de la ville.

Dès lors le désarroi le plus complet existe dans tous les esprits ; tous les Jacobins de Fontainebleau, comme tous ceux de la France à cette époque, comprennent à merveille que leur fin est proche et s'empressent de renvoyer leurs cartes d'admission, leurs diplômes de membres du club populaire, ainsi que tous les papiers et toutes les notes qui seraient de nature à les compromettre par la suite. Le nombre est grand de ceux qui demandent avec instance leur radiation du tableau d'honneur sur lequel ils lisaient naguère leurs noms avec orgueil, afin de ne laisser ainsi aucune trace de leur passage dans une Société qu'ils avaient pourtant soutenue, pendant près de trois ans, avec ardeur.

A ces démissions nombreuses correspond la crise financière de la Société ; le trésorier constate avec amertume que la caisse est vide, que

personne ne contribue plus à la remplir et que
même les citoyens les plus dévoués, les Jacobins les plus ardents refusent d'acquitter les
six ou sept mois de cotisations qu'ils doivent.
Enfin le citoyen Sebert n'a pas plutôt accepté
in extremis la gestion des finances de la Société, qu'il se heurte, comme ses prédécesseurs,
à la désertion constante des derniers Jacobins
et au refus persistant de ceux-ci d'acquitter
leurs anciennes dettes. Il semble que le club
jacobin de Fontainebleau n'ait plus qu'à faire
faillite ; le trésorier Sebert, démissionnaire, n'a
jamais été d'ailleurs remplacé.

Nous ne voulons pas nous arrêter plus longtemps sur l'agonie de cette Société jacobine,
et ne pouvant ici caractériser qu'en quelques
lignes le rôle des Jacobins de province en 1793,
il nous suffira de rappeler le jugement si juste
et en même temps si sévère qu'a porté sur eux
J. Michelet, lorsqu'il a dit : Très-ardents, mais
en même temps inhabiles, maladroits et furieux ;
il n'y eut pas de pire instrument que les Jacobins et leurs clubs ; ils criaient, ils dénonçaient,
arrêtaient, n'agissaient pas ; la révolution dans
leurs mains avait l'air de ces bêtes à mille
pieds qui s'agitent et n'avancent pas. »

FIN.